JN023753

グローバル
ビジネスと
トレード

GLOBAL
BUSINESS
AND TRADE

池部 亮 著

同文舘出版

はじめに

　現代の私たちの身の回りで輸入品ではないモノをみつけることは難しいでしょう。あなたが持っている衣類の多くは，中国製，ベトナム製，バングラデシュ製で，日本製の衣類をみつけることは難しいのではないでしょうか。家電製品の多くも冷蔵庫や洗濯機などは日本製かもしれませんが，テレビやパソコン，スマートフォンは，日本のメーカー製のものでも，中国，ベトナム，マレーシアなどで生産されたものでしょう。

　今から半世紀以上遡ることになりますが，戦後の日本では輸入品といえば高級品で庶民にとっては高嶺の花の商品でした。例えばウィスキー，外車，スイス製腕時計，ブランド・バッグ，化粧品など，輸入品は舶来品と呼ばれ憧れの的だったのです。一方，国産品となると品質も悪く価格も安い，「安かろう悪かろう」の商品が多かったのです。

　現在，輸入品が庶民の生活の隅々にいきわたるようになってきたのは何も日本だけの話ではありません。アメリカやドイツ，アフリカ諸国やアジア諸国など，世界中の生活様式に輸入品は浸透しているのです。

　しかしながら，私たちはこれだけ多くの輸入品に囲まれて暮らしているのに，貿易の仕組みについてはほとんど知らずにいます。取引をする当事者，輸送機関，税関，銀行，保険会社，物流企業がそれぞれ何をしているのか，あまりよく知らないという人がほとんどではないでしょうか。

　今や日本企業のなかでも，銀行，小売店，飲食店，メーカー，保険，物流など業界を問わず，外国と無縁のままではビジネスが成立しなくなっています。売り込み先としての外国，原料調達先としての外国，インバウンドでやってくる外国人観光客も旅館やレストランの大事なお客さん（輸出先）なのです。

　本書では貿易とは何かについて，貿易の仕組み，貿易実務，比較優位に基づく自由貿易秩序，電子商取引などの観点から，日本で暮らす上で欠くことができない身近なグローバル・ビジネスとしての貿易を解説していきます。

グローバルビジネスとトレード●目次

はじめに　　i

第1章　貿易とは何か？

1　貿易の起源 ……………………………………………………… 1

2　なぜ貿易が必要なのか ………………………………………… 2

3　貿易の諸条件 …………………………………………………… 3

4　貿易のメリット ………………………………………………… 4

5　日本の国際収支 ………………………………………………… 6

6　戦後の国際通商秩序 …………………………………………… 7
　（1）国際通貨基金（IMF）　　8
　（2）関税および貿易に関する一般協定（GATT）　　9
　（3）多角的貿易交渉　　10
　（4）WTOの限界　　11

7　貿易の仕組み …………………………………………………… 13
　章末テスト　　15

第2章　貿易の仕組み

1　直接貿易と間接貿易 …………………………………………… 17

2　貿易の流れ ……………………………………………………… 18

3　さまざまな輸出入形態 ………………………………………… 20

（1）輸入総代理店　20

（2）並行輸入　22

（3）駐在員事務所　22

（4）現地法人　23

（5）開発輸入　24

4　サービス貿易 ──────────────────────────── 26

（1）サービスの特徴　26

（2）サービス貿易拡大の背景　26

（3）日本のサービス収支　27

　章末テスト　30

第3章　**外国為替**

1　外国為替相場の種類 ───────────────── 33

2　先物相場 ──────────────────────────── 35

3　為替リスクへの対処 ───────────────── 37

　章末テスト　38

第4章　**関税**

1　関税制度 ──────────────────────────── 39

2　HSコード ─────────────────────────── 40

3　関税の種類 ───────────────────────── 41

4　課税標準 ──────────────────────────── 44

5　その他の関税（特殊関税） ─────────── 44

　章末テスト　46

　閑話休題①　ベトナム産生鮮ライチの日本上陸　47

第5章　貿易摩擦

1　日米貿易摩擦 53
（1）繊維摩擦　55
（2）鉄鋼摩擦　56
（3）カラー・テレビ摩擦　56
（4）半導体摩擦　56
（5）自動車摩擦　57

2　中国の台頭 58
章末テスト　60

第6章　グローバル・マーケティング

1　マーケティング・リサーチ活動 61
（1）初歩的な調査　63
（2）本格的な調査　66

2　管理不可能な市場環境 67
章末テスト　69

第7章　取引交渉

1　インコタームズ（Incoterms） 71

2　取引条件 74
（1）価格条件　75
（2）品質条件　75
（3）受け渡し条件　77
（4）決済条件　77
（5）船荷証券（B/L）　78
章末テスト　79

第8章　電子商取引

1 電子商取引（EC） ··· 81

（1）プラット・フォーマー　82

（2）決済　83

（3）物流　84

（4）ECのメリット　84

2 越境EC ·· 85

3 数字でみるEC ·· 86

章末テスト　89

閑話休題②　カンボジアの宅配サービスの萌芽　91

第9章　原産地規則

1 原産地規則の必要性 ·· 96

2 原産地認定の種類 ·· 96

（1）関税番号変更基準　97

（2）付加価値基準　98

（3）加工工程基準　98

3 原産地証明書 ··· 98

章末テスト　99

第10章　輸送

1 貿易と運送 ·· 101

2 コンテナ輸送 ··· 103

（1）コンテナの種類　104

（2）港湾施設　104

（3）コンテナ輸送の流れ　107

（4）FCL貨物の流れ　107

（5）LCL貨物の流れ　　108

3　さまざまな荷姿 ……………………………………………………………… 110

4　保税地域と保税輸送 ……………………………………………………… 111

章末テスト　　112

第11章　複合輸送

1　アジアの陸路輸送 …………………………………………………………… 115

2　メコンの経済回廊 …………………………………………………………… 116

（1）東西経済回廊（EWEC）　　118

（2）南部経済回廊（SEC）　　118

（3）南北経済回廊（NSEC）　　120

3　一帯一路 ……………………………………………………………………… 122

4　複合輸送の効率化 ………………………………………………………… 124

（1）輸送機関別シェア　　124

（2）複合輸送の概念　　125

（3）複合輸送の効率化　　127

（4）ICD　　128

章末テスト　　130

閑話休題③　中越南北回廊の昆明-ハノイルートをいく　　131

第12章　リスクの対処

1　海上保険 ……………………………………………………………………… 135

（1）全損と分損　　137

（2）保険証券　　138

2　貿易保険 ……………………………………………………………………… 139

（1）リスクの中身　　139

（2）貿易保険制度　　140

章末テスト　　142

第13章　国境貿易

1　国境ゲートの種類 ………………………………………………………………… 145
2　国境経済 ……………………………………………………………………………… 147
　章末テスト　　150

　閑話休題④　中国＝ミャンマー国境地域の旅　　151

第14章　自由貿易と世界

1　メガFTAの時代 …………………………………………………………………… 156
　（1）ASEAN経済共同体（AEC）　156
　（2）地域包括的経済連携（RCEP）　156
　（3）TPP（CPTPP）　157
2　FTAの効果 ………………………………………………………………………… 159
　（1）ドミノ効果　159
　（2）貿易創出効果　159
　（3）貿易転換効果　160
　（4）FTAの厄介な問題とCPTPP　160
3　Leave no one behind ……………………………………………………………… 162
　（1）市場アクセスと市場開放　162
　（2）中小企業と大企業　163
　（3）農林水産業と工業・サービス　163
　（4）保護主義の台頭　163
　章末テスト　　165

おわりに　167
参考文献　168
索　引　169

略語一覧

略語	英語	日本語
A/R	All Risks	オール・リスク
ADB	Asian Development Bank	アジア開発銀行
AEC	ASEAN Economic Community	ASEAN経済共同体
AFTA	ASEAN Free Trade Area	ASEAN自由貿易地域
AIIB	Asian Infrastructure Investment Bank	アジア・インフラ投資銀行
APEC	Asia Pacific Economic Cooperation	アジア太平洋経済協力
ASEAN	Association of Southeast Asian Nations	東南アジア諸国連合
ATIGA	ASEAN Trade in Goods Agreement	ASEAN物品貿易協定
B/L	Bill of Lading	船荷証券
BOP	Base of the Economic Pyramid	経済ピラミッドの底辺層
BtoB, B2B	Business to Business	企業間（EC）
BtoC, B2C	Business to Consumer	企業と消費者間（EC）
CFS	Container Freight Station	コンテナ・フレート・ステーション
CIF	Cost, Insurance and Freight	運賃保険料込み条件
CPTPP TPP11	Comprehensive and Progressive Agreement for Trans-Pacific Partnership	環太平洋パートナーシップに関する包括的および先進的な協定
CtoC, C2C	Consumer to Consumer	消費者間（EC）
CY	Container Yard	コンテナ・ヤード
EC	Electronic Commerce	電子商取引
EPA	Economic Partnership Agreement	経済連携協定
EU	European Union	欧州連合
EWEC	East-West Economic Corridor	東西経済回廊
FCL	Full Container Load	FCL貨物
FDI	Foreign Direct Investment	外国直接投資
FOB	Free on Board	本船渡し条件
FPA	Free From Particular Average	分損不担保
FTA	Free Trade Agreement	自由貿易協定
GATT	General Agreement on Tariffs and Trade	関税および貿易に関する一般協定
GDP	Gross Domestic Product	国内総生産
GMS	Greater Mekong Sub-region	大メコン圏
GSP	Generalized System of Preferences	一般特恵関税制度

IBRD	International Bank for Reconstruction and Development	国際復興開発銀行
ICC	International Chamber of Commerce	国際商業会議所
ICD	Inland Container Depot	陸上港，ドライポート
ICSID	International Centre for Settlement of Investment Disputes	投資紛争解決国際センター
IDA	International Development Association	国際開発協会
IFC	International Finance Corporation	国際金融公社
IMF	International Monetary Fund	国際通貨基金
IR	Investor Relations	株主向けの公開情報
JETRO	Japan External Trade Organization	日本貿易振興機構
JICA	Japan International Cooperation Agency	国際協力機構
JNTO	Japan National Tourism Organization	日本政府観光局
L/C	Letter of Credit	信用状
LCL	Less than Container Load	LCL貨物
LDC	Least Developed Country	後発開発途上国
MFN	Most Favored Nation treatment	最恵国待遇
MIGA	Multilateral Investment Guarantee Agency	多数国間投資保証機関
NEXI	Nippon Export and Investment Insurance	株式会社日本貿易保険
NS	National Staff	現地スタッフ
NSEC	North-South Economic Corridor	南北経済回廊
ODA	Official Development Assistance	政府開発援助
ODM	Original Design Manufacturing	相手先ブランドによる設計・生産
OEM	Original Equipment Manufacturing	相手先商標による生産
P4	Pacific 4	環太平洋戦略的経済連携
PB	Private Brand	プライベート・ブランド
RCEP	Regional Comprehensive Economic Partnership	地域包括的経済連携
SEC	Southern Economic Corridor	南部経済回廊
TPP	Trans-Pacific Partnership	環太平洋パートナーシップ
UNCTAD	United Nations Conference on Trade and Development	国連貿易開発会議
WA	With Average	分損担保
WB	World Bank	世界銀行
WTO	World Trade Organization	世界貿易機関

グローバルビジネスとトレード

第1章

貿易とは何か？

　貿易と聞いて皆さんは何を思い浮かべますか？　大型コンテナ輸送船が海の上を悠然と進む姿でしょうか？　あるいは，身の回りの輸入品に目がいくでしょうか。貿易とは**物品やサービスなどの商品を外国との間で取引すること**です。自国が得意とする商品，例えば自動車やスマートフォンなどの工業製品を輸出して，自国では生産できない原油や石炭といった資源を輸入することです。**比較優位**に基づく**国際分業**が貿易そのものなのです。本章ではなぜ私たちは貿易をするのか。貿易とは何かについてみていきます。

1 貿易の起源

　貿易の起源は紀元前2500年頃，ギリシャやローマといった都市国家の成立に伴って勃興した地中海貿易によるものだとされます。当時は自給自足的社会で生活に必要な物資は自国内で産出し消費していました。主な貿易品は染料，陶器，織物などの贅沢品や奴隷などでした。また，古い時代の貿易の様子をイメージする時，シルクロードの砂漠地帯をラクダで隊列を組んで運んでいく光景を思い描く人もいるでしょう。陸上を何日もかけて飢えと渇きをしのぎ，時には盗賊に襲われたり，熱病にかかったりと危険を冒してまで運んだのですから高級品に違いありません。外国の珍しい嗜好品を相互に交易するという，古代の貿易は一般市民の日常生活とは無縁のものでした。

　その後，時代は下って1492年にコロンブスがアメリカ大陸を発見し，ヨー

ロッパ世界とアメリカ大陸の交流がはじまりました。また，1498年にはバスコ・ダ・ガマがヨーロッパからアフリカ大陸最南端の喜望峰をとおってインド洋を結ぶ最短コースを発見し，西洋の植民支配による貿易が興隆したのです。当時の貿易品は金銀，タバコ，砂糖，香料，奴隷などであったとされます。産業革命以後，蒸気機関の発達で機械制大工業が興ると，紡績，織物を巡る原料と製品の貿易が活発化し，輸送手段も汽船，蒸気機関車が出現して大量かつ安全な輸送ができるようになったのです。

2 なぜ貿易が必要なのか

　貿易には物品など**目にみえるモノを取引する貿易**（Visible Trade）と，金融・輸送・旅行・知的財産権など，サービスを対象とした**目にみえない貿易**（Invisible Trade）があります。身の回りの輸入品を探す際，こうしたサービスに思いを馳せる人は少ないでしょう。日本を訪れた外国人観光客が日本の飲食店で食事をしてお金を払えば，日本が飲食サービスを外国に輸出したことになります。反対に私たちが海外旅行に出かけ宿泊したホテルに代金を払えばホテル・サービスを輸入したことになります。また，旅行先で現地のATMを利用してキャッシングをした場合，ATM使用料を支払いますが，これは日本に金融サービスを輸入したことになるのです。

　では，なぜ貿易は必要なのでしょうか？　それは理論上は**比較優位**の原則に基づいた**国際分業**が結果的に世界全体を豊かにするからです。

　簡単に説明すると，蝉捕りが上手なA君とザリガニ捕りが上手なB君がいます。2人1チームで参加する蝉とザリガニ捕り大会に出場したとします。この大会は1時間でどれだけ多くの蝉とザリガニを捕まえることができるかをチームで競う大会です。それぞれが比較して得意なこと（＝**比較生産費**が優位な方）に特化することで最大の収穫を得ることができます。A君もたまにはザリガニを捕るなど気分転換をしたいかもしれませんが，2人1チームで

最大収量を求めるならそれぞれが得意なことに特化しなければなりません。

　国際間の貿易も同様で，コメを作るのが得意なA国はコメを輸出し，自動車生産が得意なB国は自動車を輸出します。A国は工業製品の最高峰でもある自動車作りに挑戦したいところですが，お金と技術がありません。不得意な自動車生産に着手しても，割高で低品質の自動車しかできそうにありません。また，B国も良質なコメを作ろうとしても，自然環境が稲作に適していないので外国から輸入した方が安くておいしいコメを食べることができるのです。自国の**社会的条件**や**自然的条件**に適し，結果的に国際競争力が見込める（＝比較優位のある）物品生産やサービス提供に特化して，それを輸出し，自国が苦手とするモノやサービスは輸入する方が結果的に自国のみならず相手国の経済厚生をも高めることになるのです（＝世界全体の収穫量が最も大きくなります）。

　自由貿易の観念は，この比較優位の原則に則った世界を想定しています。世界各国が各々得意なものを輸出し，不得意なものは輸入することによって，結果的には世界全体が豊かになるという考え方です。

3 貿易の諸条件

　貿易を取り巻く環境は，大きく分けると**自然的条件**と**社会的条件**に分けることができます。自然的条件とは，気候風土，国土の広さや地形，天然資源（原油，森林資源，鉱山，熱帯果実など）の賦存状況などです。こうした自然環境は人為的，時間的に変化しないものです。

　一方の社会的条件は，**労働**，**資本**，**技術**といった**生産要素**の賦存状況に基づくものです。例えば，労働力をみると，農村部で潜在的な失業者や余剰労働力が多く賦存している開発途上国では，都市部に工場ができれば多くの労働力が農村から供給できます。また，先進国では高度な教育・訓練を受けた人材が豊富におり，かつ豊富な資金を有する企業が多数存在するので，イノ

ベーションによる新たな工業やサービスが興ります。

　一方で，開発途上国では一般的に資本や技術が不足している国が多いでしょう。かつての中国は無尽蔵に労働力が供給可能といわれていました。農村から都市へと豊富な労働力が継続的に流れ込み，中国の輸出生産を支え，急速な経済発展を実現しました。しかし，現在は経済発展を経て労働者の賃金は昔ほど安価ではなくなりました。また，農村に雇用が創出されるようになり，農村から都市部へ出稼ぎに来る必要性も減ってきました。このように，労働，資本，技術といった生産要素に関する条件は，人為的，時間的に変化していくものなのです。

　日本は自然的条件に恵まれず，産出される資源は多くありません。一方で，社会的条件は，戦後復興，高度成長期を経て産業構造が高度化しました。1970年代以降，日本は世界有数の工業国へと昇りつめました。工業国となった日本は国内の社会的条件に適合するリーディング産業を次々と継起しながら，経済成長をつづけることに成功したのです。工業化の推移をみると，繊維製品から鉄鋼・化学へ，そしてエレクトロニクス産業や自動車産業へとリーディング産業が転換しました。現在はスマートフォンやパソコンといったICT（情報通信技術）製品が隆盛していますが，日本企業は最終製品よりも部品や素材分野で競争力を引きつづき維持しているのです。

4 貿易のメリット

　比較優位の原則は国際間で自由な分業がおこなえることが前提です。仮に，各国が得意なものを輸出する一方で，不得意なものは国内産を保護するために関税を引き上げて輸入品をシャットアウトしたらどうなるでしょう。まさに第二次世界大戦直前，世界の列強は**保護主義**を強め，同盟関係にある国同士の貿易だけを許すといった排他的な貿易圏を形成（＝**ブロック化**）しました。こうしたいき過ぎた保護主義が戦争を引きおこしたのです。

　戦後世界は「2度と戦争をしない」と強い意志をもって自由貿易を推進してきました。自由貿易の世界は，理論上，自給自足の場合よりもはるかに効率の高い経済活動を可能にし，世界を豊かにするものだからです。

　しかし，自由貿易が比較優位に基づくシステムだとしたら，農業が得意な開発途上国は今後も農業産品だけを生産し，パソコンや自動車が得意な先進工業国は工業製品だけを生産する状態が固定化されるのではないか，と懸念が生じます。特に開発途上国にしてみれば価格が安い農業品に特化し，先進国が付加価値の高い工業製品に特化するのは不公平にみえます。

　自由貿易のシステムには**外国直接投資（Foreign Direct Investment: FDI）**の自由化も含まれます。つまり，自動車や家電製品を生産する企業は，自国の割高な事業環境（例えば，人件費や電気代など）から脱却して，開発途上国に生産工場を移転することができます。先進国は自由貿易をとおした競争に打ち勝つために，より低コスト生産が可能で，競争に優位な国・地域を探し，そこに生産場所を移転するのです。先進国は経済的に成熟し，労働者のコストも高いのが一般的です。先進国の企業は海外生産拠点や販売企業を次々と設立するなど多国籍化を進めます。このように，企業は自国市場において社会的条件（例えば人件費の高騰など）に対応しきれない生産工程やビジネスの領域があるならば，その工程を開発途上国に移転することができます。一方で，開発途上国は不足する資本と技術を外国企業に提供してもらいつつ，自国は土地，建物，労働力を提供して，輸出主導の工業化の端緒をつかむことができるのです。

　では，日本にとって自由貿易はどのようなメリットがあるでしょうか。日本は第二次世界大戦後，産業は壊滅的な打撃を受け，工業はほぼゼロからの復興となりました。しかし，エネルギー自給ができない日本は，石油などのエネルギーを輸入せざるを得ません。そのためには外貨（米ドルなど）が必要です。日本は衣類や玩具などをたくさん輸出して外貨を稼ぎ，その外貨でエネルギーを輸入したのです。朝鮮戦争特需などもあり日本の工業は再興し，アメリカや西ヨーロッパの自由市場（＝自由貿易によって開放されている市場）

に繊維，履物，鉄鋼などの工業製品を大量に輸出できたのです。戦後復興期に日本製品を受け入れてくれる外国市場があったことにより，日本経済は浮上し，その後の高度成長期を迎えることができたのです。戦後の通商秩序が自由貿易によるものでなかったら，日本は戦後復興や高度成長を実現することはできなかったかもしれません。

　現在では，日本の労働コストは上昇し，円の為替相場も110円程度と，1970年代の１米ドル＝360円時代と比較し，かなりの円高（米ドル安）水準にあります。日本で生産して輸出するにはコスト的に見合わない製品はアジアの開発途上国などに工場を移転することなどによって，日本企業の多国籍化も進んできました。日本企業がアジア諸国にFDIができたのもまた，自由貿易が保証されている世界通商秩序があったからなのです。

5 日本の国際収支

　図表1-1は日本の**国際収支**の推移を示しています。日本は輸出立国のイメージがありますが，物品貿易の収支は2011年以降５年間赤字がつづきました。東日本大震災後に全国の原発が停止し，急遽火力発電の出力を増やす必要があり，割高な液化天然ガス（LNG）の輸入を増やしたことが背景にあります。

　次にサービスの貿易収支をみると，恒常的な赤字がつづいています。図表には示していませんが，赤字が大きいサービスは，ICT，保険・年金，輸送などです。一方，黒字のサービスは旅行，金融，知的財産権などです。2020年のコロナ禍直前まで，日本を訪問する外国人旅行客は年間3,000万人超でしたので，このインバウンド旅行客の増加がサービス収支の改善に大きく貢献していました。

　物品貿易やサービス貿易で日本は稼げていないことは明確です。では日本の**経常収支**はどのような経済活動によって黒字が確保されているのでしょうか。図表からも明らかなとおり，それは**第一次所得**と呼ばれるものです。こ

図表1-1 日本の国際収支の推移

（単位：億円）

（資料）財務省国際収支統計より作成。

れは，**直接投資収益**と**証券投資収益**が占めます。前者は日本企業が海外に店舗や工場を設立して収益を上げ，それを日本本社に配当金として送金するものです。また，証券投資は株式の配当金や債券利子の受取などです。日本企業は日本を起点とした貿易だけでなく，海外拠点を多く持つことによって海外で稼ぐようになっているのです。

6 戦後の国際通商秩序

第二次世界大戦後，アメリカなどの戦勝国が中心となって新たな世界経済秩序の構築を急ぎました。各国・各陣営がブロック化したことが先の戦争の発端となった反省から，「2度と戦争をしない」と誓いつつ自由貿易を新しい**国際通商秩序**としたのです。ここでは国際通商秩序を維持するために設立された国際機関についてみていきます。

（1）国際通貨基金（IMF）

　国際金融制度の構築のため，1944年に連合国45カ国がアメリカのニューハンプシャー州ブレトンウッズに集まり，**国際通貨基金**（**International Monetary Fund: IMF**）と**国際復興開発銀行**（**International Bank for Reconstruction and Development: IBRD**）の設立を決定しました。IBRDは国際開発協会（IDA），国際金融公社（IFC），多数国間投資保証機関（MIGA），投資紛争解決国際センター（ICSID）も加えた5機関を束ねる**世界銀行**（**World Bank: WB**）グループのなかで最も歴史の長い組織です。

　IMFが各国の為替の安定や経常収支の安定のために，短期資金の供与による個別国の経済構造改革を担うことになりました。加盟国は自国通貨の為替平価を金もしくは米ドルに固定させ（＝**金本位制**），為替の安定を目指したのです。例えば，日本円は戦後長い間1米ドルが360円に固定されていました。こうして各国の通貨を米ドルに固定することで，各国通貨の信用を維持し，結果的には安定を確保できたのです。この金と米ドルの兌換性を保証した戦後の通貨政策は会議の開催地の名前から**ブレトンウッズ体制**と呼ばれ，1971年に金と米ドルの兌換性を廃止した**ニクソン・ショック**までつづきました。IMF加盟国は出資割当額の拠出が義務付けられ，経済規模に応じた額を金25％，自国通貨75％で払い込みます。国連などでは1国1投票権ですが，IMFの理事会の議決権は出資金の多寡で決まっています。経済力が大きな加盟国に大きな出資を求め，基本的にはその出資割当額（クォータ）に比例して投票権が割り当てられています。最も出資比率が高いのはアメリカで17.4％，次いで日本が6.5％，第3位が中国の6.4％です。世界のGDP規模では中国はアメリカに次ぐ2位であり，IMFに対する増資が検討されていますが，中国の発言権を増やしたくないアメリカなどの思惑もあり，出資比率は長年据え置かれています。ちなみに，日本は1952年にIMFに加盟し，1964年には国際収支の赤字を理由に為替制限ができる14条国から適用除外となり8条国へ移行しました。

もう一方のIBRD（世銀グループ）は戦後復興に必要なインフラ整備のために長期資金供与を担います。日本も戦後間もなくの1953年から，発電所，製鉄所，高速道路，東海道新幹線などのインフラ整備で31件，8億米ドル超の世銀融資を受け，1990年に完済しました。

（2）関税および貿易に関する一般協定（GATT）

IMFとIBRDの設立により，各国の為替相場の安定と戦後復興に必要な長期・短期資金の貸し付け制度が整いました。もう1つ，世界にとって重要な秩序は自由貿易体制の確立です。1929年の世界恐慌による不況下で世界各国が保護主義を強め，関税引き上げなどで自国市場をブロックしたことで戦争に突入してしまったことへの反省です。

1947年にスイスのジュネーブで戦勝国23カ国によって「**関税および貿易に関する一般協定（General Agreement on Tariffs and Trade: GATT）**」が調印され，翌年から発効しました。現在の**世界貿易機関（World Trade Organization: WTO）**の前身となるもので，戦後の自由貿易秩序の根幹を成す**最恵国待遇（Most Favored Nation treatment: MFN）**を基本的ルールとしてスタートしました。MFNとは，二国間交渉で互恵主義を基本として関税を引き下げ，これをGATT税率として他の全ての加盟国に対し**無条件，無差別**に適用するものです。つまり，最も恵まれた待遇を相手国1国のみに与えるのではなく，全加盟国に同じ待遇を付与することが求められるのです。このほか，GATTの理念には**内国民待遇**があり，輸入品を国産品と同等に扱うことや，外国企業や外国人個人に対する待遇と，自国企業・個人に対する待遇とを差別せず同じ待遇にする必要があります。例えば，外国企業の投資を呼び込むために，自国企業向け法人税とは異なる低税率を外資系企業に適用したり，観光名所の入場料や公共料金で自国民を安く，外国人を高くするといった待遇差は認められないのです。

図表1-2　戦後設立された主要な国際機関一覧

機関名	設立年	本部	加盟国
国際通貨基金 International Monetary Fund: IMF	1944年	ワシントンD.C.	190カ国
国際復興開発銀行（世銀グループ） International Bank for Reconstruction and Development: IBRD	1944年	ワシントンD.C.	189カ国
関税および貿易に関する一般協定 General Agreement on Tariffs and Trade: GATT	1947年	ジュネーブ	128カ国 （1994年）
世界貿易機関 World Trade Organization: WTO	1995年	ジュネーブ	164カ国 （2021年）

（資料）IMF，WB，WTOのウェブサイトより作成。

（3）多角的貿易交渉

　1947年に調印され，事実上の組織として運営されてきたGATTですが，加盟国数は発足当時の19カ国から1994年には128カ国にまで拡大しました。GATTは世界の貿易自由化を目指し，**関税引き下げ**や**非関税障壁**の引き下げなどを加盟国間で議論する，**多角的貿易交渉**（会議，交渉を意味するラウンドと呼ばれます）が繰り返されました。参加国が一堂に会し自由化に向けた話し合いをする場です。地名や人名にちなんで命名されたラウンドが1995年までに計8回おこなわれてきました。この結果，多くの品目の関税引き下げが実現したのです。ウルグアイ・ラウンドの合意を受けて，GATT体制は新たに設立された**WTO**へと継承されました。

　図表1-3はGATT時代の多角的貿易交渉の一覧です。初期の頃は短期間で交渉がまとまり一定の成果を上げていたラウンドですが，加盟国が増えれば増えるほど交渉は難航するようになりました。当初は関税率の引き下げ，非関税障壁の撤廃，補助金やアンチ・ダンピングなどのルール策定を中心としていましたが，1980年代以降は農業，サービス，知的財産権，紛争の解決，環境・開発といったテーマも加わり交渉期間が長期化していきました。

図表1-3　多角的貿易交渉の一覧

ラウンド名	期間	参加国数
第1回ジュネーブ・ラウンド	1947年	23
第2回アヌシー（仏）・ラウンド	1949年	13
第3回トーキー（英）・ラウンド	1950〜1951年	38
第4回ジュネーブ・ラウンド	1956年	26
第5回ディロン・ラウンド	1960〜1961年	26
第6回ケネディ・ラウンド	1964〜1967年	62
第7回東京・ラウンド	1973〜1979年	102
第8回ウルグアイ・ラウンド	1986〜1994年	123
第9回ドーハ・ラウンド	2001年〜	164

（資料）WTOウェブサイトなどより作成。

WTOの時代に入り，2001年からおこなわれているドーハ・ラウンドは具体的な協議を再開できないまま交渉が停止している状況が現在までつづいています。

（4）WTOの限界

　世界の通商秩序の中核を担うWTOの加盟国数は拡大し，協議すべきテーマもどんどん増えていきました。WTOの多角的貿易交渉も，さまざまな交渉テーマが山積し，かつ開発途上国と先進国との間の対立も顕在化しています。また，農業団体や環境団体のデモが先鋭化し，会議場を取り巻いて交渉団が近付けないように妨害するなど，会議自体が開催困難な状況に陥っています。開発途上国にしてみれば，先進国は今まで石炭をたくさん使って環境を汚してきたのに，開発途上国に環境規制を押し付けていると反発があります。また，自国の社会的条件の変化に応じて，製造業は生産場所を移転できますが，農業や漁業は資源立地型の産業ですので生産場所を移転できません。自由貿易で安い外国産農産物が輸入されると，農業従事者は死活問題となる

のです。戦後数十年推進してきた自由貿易ですが，自由貿易によって取り残されてしまう弱者が存在していることに改めて気付かされたのです。

自由貿易は世界全体を豊かにする理論のはずですが，結果的には弱者を生み出し格差を広げている側面も否定できません。しかしながら戦争の原因ともなった世界の保護主義化を繰り返すわけにはいきません。自由貿易を推進するとしても，164カ国にも及ぶWTO加盟国の全てが満足できる自由化は難しく，個別国同士の自由化協議へと軸足が移ってきたのです。

多国間の貿易交渉が難航し漂流するなか，二国間の**自由貿易協定（Free Trade Agreement: FTA）**締結の動きが主流となってきました。自由化を進めたい国同士で現在のWTOの条件よりも自由化の度合いを高めていこうとするものです。世界で締結されたFTAは，2000年には77件でしたが，2021年には357件にまで拡大しています。二国間で締結されたFTAは，その後周辺国や関心国が新たに参加するなどして経済圏の範囲を広げていくことがあります。その典型例が**環太平洋パートナーシップに関する包括的および先進的な協定（Comprehensive and Progressive Agreement for Trans-Pacific Partnership: CPTPP, TPP11）**です。このCPTPPの経緯をたどると，自由化水準が極めて高い**環太平洋戦略的経済連携（Pacific 4 : P4）協定**が，ニュージーランド・シンガポール・ブルネイ・チリの4カ国の間で2006年に発効し，これにアメリカが2008年になって参加表明したことから拡大・発展していきました。

こうして，現在はWTOに代わって，貿易の新ルール策定のプラットフォームとしてFTAが活用され，二国間FTAやTPP，**地域包括的経済連携（Regional Comprehensive Economic Partnership: RCEP）**など，多数の国が集まり巨大な経済圏を形成しようとする動きも出てきました。WTOが機能不全に陥るなか，自由貿易の推進に積極的な国々が促進するFTAによって自由貿易秩序が維持されているのです。

7 貿易の仕組み

　貿易は国境を越えた取引という点で国内取引にはないさまざまな追加的な業務・費用が発生します。先ず取引相手が外国企業であり，外国人なので，言語が異なります。取引先を探す作業は国内取引よりもはるかに時間とコストがかかります。また，文化的な背景も異なるので取引習慣も異なります。金曜日は礼拝の日でお休みだけど土曜日は出勤日といったこともあるでしょう。支払い通貨も日本円ではなく米ドルであれば為替管理も必要となります。このように国境を越えた外国との間の取引は国内取引よりも複雑で面倒で費用がかかる上，リスクも多くなる傾向にあります。それでも多くの企業にとって，商材の調達，部品や原料の調達，販売先としての外国市場など，貿易は必要不可欠な取引なのです。

　図表1-4は外国との貿易取引と国内取引とで異なる業務やコストの違いを大雑把に示しています。この図表からも明らかですが，外国企業との取引においては国内取引では必要としないコスト，能力，時間がかかります。そして，輸送距離が長くなればなるほど時間とコストがかかる上，貨物取扱が乱雑な港湾施設によって貨物が破損したり紛失したりするといったリスクもあ

図表1-4　国内取引と貿易取引の業務やコストの違い

項目	国内取引	貿易取引
使用言語	日本語	外国語
相互訪問コスト	小さい（国内出張）	大きい（外国出張）
契約書の言語	日本語	日本語，英語，現地語
決済のリスク	小さい	大きい場合が多い
文化による差異	小さい	大きい
通関手続きと関税	ない	ある
輸送費（時間も含む）	小さい	大きい

（資料）各種資料より筆者作成。

13

ります。また，取引先企業がお金を支払ってくれるのか？　あるいは注文書どおりの製品を納品してくれるだろうか？　納期は守るだろうか？　など心配は尽きません。このように，取引全般に関わるコストを**取引コスト**といいます。貿易取引は国内取引よりもはるかに大きな取引コストを要するのです。

章末テスト

〔設問1〕Visible Trade の記述として，正しいものを次のなかから1つ選びなさい。

①外国旅行による支出　②国際金融取引　③個人による iPhone の並行輸入
④国際輸送の費用　⑤外国への特許料の支払い

〔設問2〕貿易がおこなわれる諸条件のうち，自然的条件についての記述として，正しいものを次のなかから1つ選びなさい。

①経済成長とともに人件費が上昇した。

②温暖化とともに気温が上昇した。

③企業の内部留保が進み，新しい技術開発のための資金が豊富になった。

④経済成長とともに大学卒の高度人材が多くなった。

〔設問3〕第二次世界大戦後の世界の通商秩序の記述として，正しいものを次のなかから1つ選びなさい。

①戦後半世紀近くの間，GATT は戦勝国のみで構成されてきた。

②第二次世界大戦後，保護主義を理念とした通商秩序構築を目指した。

③自由貿易は比較生産費による国際分業を進めることである。

④GATT によるブロック化を急いだ。

〔設問4〕IMF の記述として，誤っているものを次のなかから1つ選びなさい。

①世界各国の通貨の安定を目指した活動をしている。

②主に長期資金を供与して途上国のインフラ整備を支援する。

③世界各国の経常収支を監視し，必要であれば構造改革支援をおこなう。

④本部はアメリカのワシントンD.C.にある。

〔設問5〕WTO が掲げる自由貿易の根幹をなす理念・原則についての記述として，誤っているものを次のなかから1つ選びなさい。

①無差別の原則　②内国民待遇　③保護主義の原則
④MFN　⑤比較優位の原則

〔設問6〕貿易取引にあって国内取引にはない業務はどれか。正しいものを次のなかから1つ選びなさい。

①取引のための交渉　②契約　③リスク　④通関

第 2 章

貿易の仕組み

　貿易は国内取引と比べ面倒な業務がたくさんあります。例えば，北米や中国，欧州といった大規模な市場に自社製品を輸出するのであれば，現地に**代理店**を置いたり，自社で販売法人を設立するなどして現地市場での輸入販売の機能を強化するでしょう。輸出先市場が年々大きく拡大し，将来有望な市場と見込めれば，究極的には現地に工場を建てて生産をおこなう方がよいでしょう。これは貿易のコスト（時間的要素も含みます）面だけでなく，**貿易摩擦**の回避という点でも企業にとっては重要な戦略となります。

　また，貿易はリスクの大きい取引です。海上輸送も台風や嵐によって遅延したり，貨物が損傷するなど事故も起きます。また，**海上保険**や**海上運賃**，それぞれの国でかかる**関税**や国内輸送費など，一連の費用は売主（輸出者）と買主（輸入者）のどちらが手配し，どちらが負担するのかをあらかじめ決めて，**売買契約**に盛り込まないと後でトラブルになりかねません。本章では，さまざまな貿易形態と貿易条件についてみていきます。

1　直接貿易と間接貿易

　直接貿易は，メーカーや小売店などが直接外国企業と取引をするものです。一方で，メーカーや小売店などが商社などに貿易業務を委託する**間接貿易**もあります。この場合，貿易取引の主体は商社であって，委託したメーカーや小売店と受託した商社間の取引は国内取引となります。自社の売り上げに占

める貿易品のシェアが大きい企業は，自ずと自社で貿易取引をおこなおうとするでしょう。また，自社でも貿易取引をおこないますが，商材によっては商社に委託するといったことを使い分けることもあるでしょう。

　直接貿易のメリットは商社に支払うマージンが不要な点にあります。その分，自社の利益は拡大すると考えられます。しかし，直接貿易をするのであれば，自社で通関士や外国語人材，場合によって相手国となる外国の都市に駐在員を置くなど，貿易部門を**内部化**する必要があります。年に数回しか貿易をしないのであれば，商社にお願いした方がトータルのコストは安価になるでしょう。貿易の規模，頻度などによって判断することになります。

　一方，自社が商社に貿易取引を委託する間接貿易については，自社に貿易部門や貿易人材は不要なので，他の業務に経営資源を充当できます。また，商社に支払うマージンがコスト増と考えられがちですが，そうでもないケースもみられます。ロットの大きな貿易をして自社で在庫のリスクを抱えるよりも，必要な量を必要な時に商社経由で納入してもらえる国内取引にした方が経営全体でみれば効率的でもあります。また，決済のリスクなど取引相手の情報やリスク管理を自社でやるよりも，海外事情に精通した商社がおこなう方が適していると考えられます。さらに商社は大規模に貿易取引をおこなうので，**規模の経済性**があります。自社単独で小ロットを直接貿易するよりも商社から買った方が安価に購入できる可能性があります。また，専門商社は諸外国の商品知識，市場・流通情報を持っているのでそのノウハウを活用できることもメリットになるでしょう。間接貿易はマージンの分だけコスト増と思われがちですが，総合的には直接貿易よりも有利となるケースも少なくないのです。

2 貿易の流れ

　次に貿易をおこなう際に必要な事業者や機関についてみていきましょう。

外国企業との貿易取引を日常的におこなっている企業であれば，社内に貿易部門があり，貿易業務に精通した人材がいます。貿易は自国から外国へと製品を売る場合は輸出，外国から製品を購入するのであれば輸入となります。輸出入業務を商社などに任せるケースもありますし，自社でおこなうケースもあります。いずれにしても，供給者と購入者がそれぞれの輸出入業務を商社などに委託する間接貿易の場合，外国企業と貿易取引の契約を締結する当事者は商社となり，商社が**輸出者**であり**輸入者**となります。

そして，貿易貨物を梱包したり，通関したり，輸送手配を担うのが**海貨業者（フォワーダー，通関業者**などとも呼ばれます）です。また，輸出入時に製品の関税を算定し課税を担当する政府機関が**税関**です。貨物を輸送機材を使って国際間を運ぶのは，**トラック輸送会社，航空会社，海上輸送会社（船会社）**などの輸送会社です。そして，貿易決済をおこなう**銀行**，貨物が工場を出荷する時から海を越えて相手国に運ばれて輸入者に受け渡しが完了するまでの

図表2-1　貿易の流れ

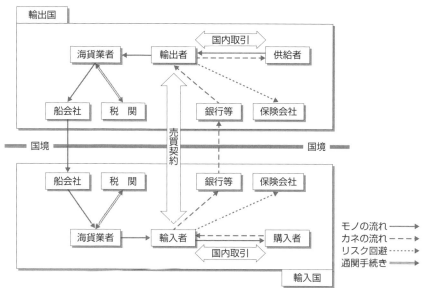

（資料）各種資料より筆者作成。

間，貨物の損傷・損害リスクを補償する**損害保険会社**などがあります。

　図表2-1は貿易の流れを示す概略図です。貿易はさまざまな事業者がそれぞれの業務を担当しておこなわれています。ポイントとなるのは，モノの流れ，カネの流れ，リスクへの対処です。こうしたポイントについては，改めて詳細をみていきます。

3 さまざまな輸出入形態

（1）輸入総代理店

　日本で機械工具を製造販売する企業が，自社のホームページに英語のページも追加したところ早速多くの引き合いが海外から寄せられたという話を聞いたことがあります。日本製の高品質なペンチやドライバーへの信頼は厚く，海外でも人気があるのです。航空貨物として国際郵便などの小口配送を使って輸出することはそれほど難しくありません。しかし，電動工具やもっと大きな切削機械などとなれば交換用のドリルや刃，モーターなどの基幹部品のメンテナンスが欠かせませんので，売りきりの商売はできません。

　例えば，工業化がはじまったばかりのアジアの開発途上国のラオスに電動工具を売るケースを考えてみましょう。電動工具メーカーである自社がラオスに直接投資して販売店を設立し常駐の駐在員を日本から派遣し，現地市場では地方都市などにも店舗を増やしていくという戦略は費用や人材の面，また現地のマーケット規模から考えても非現実です。また，直接投資の形で外国企業法人による輸入販売業務そのものを規制する国も多いのが実態です。なぜ規制が多いかというと，輸入販売業は製造業と異なり，自国企業でも参入が可能であることと，自国企業の方がむしろ市場情報や習慣に熟知しているからという理由があります。

　この場合，日本の電動工具メーカーとラオスの販売企業が**代理店契約**を結

ぶのが一般的な手法です。日本のメーカーが**本人（Principal）**で，ラオスの販売企業が**代理人（Agent）**となります。代理人は本人に代わって第三者との契約や商行為の権限が与えられます。本人は代理人に機械工具を輸出し，代理人がラオスでその機械を販売し，代理人は**手数料（コミッション）**を手に入れるのです。

　代理店制度はさまざまな種類がありますが，**輸入総代理店**であれば，現地での広告宣伝，販売網の拡充，現地消費者に対する品質保証やサービスの責任を本人に代わって負います。ラオスの消費者はわざわざ日本のメーカーに不具合や使い方などを問い合わせる必要はありません。

　このように，新しい市場に輸出をおこなう場合，メーカーが販社を自社法人として現地に設立するのは莫大なコストがかかります。また，当該市場は将来どのように成長していくか分かりません。政変によって商売どころではなくなることもあります。そこでメーカー販社は初期段階では代理店制度を活用するのです。

　便利な代理店契約ですがトラブルも少なくありません。例えば1980年代の中国市場は成長がはじまったばかりの段階で，日本企業は中国企業と代理店契約を結んで輸出をしていました。その後，中国市場が急拡大し，法制度も整ってきたことから，日本企業は直接投資によって製造と販売法人を中国に設立するようになっていきました。すると，これまでの代理店は徐々に不要になっていきます。代理店は商品知識を持ち，顧客データの蓄積もあります。代理店契約が終了し，日本から直接輸入ができなくなっても，他国の総代理店から同メーカーの同製品を輸入することは可能です。また，時に偽物を入手して販売するといった悪質なケースもあります。こうした事態は当初は予見しにくいものですので，代理店契約では次の事項を十分に注意しておく必要があります。

① 契約期間を明確に設定する。
② 取扱商品の品目を明確にする。

③ 代理店の活動地域（テリトリー）を指定する。

④ 代理店手数料率や支払方法を決める。

⑤ 販売ノルマや広告宣伝費負担などについて代理店の権利義務を明確化する。

（2）並行輸入

並行輸入品はブランド品などの販売でよくみられます。正規代理店が決まっているのに，かつての代理店や正規代理店を辞めた営業マンが自分で輸入販売業をはじめるなど，合法非合法問わずさまざまな形で正規代理店ルートではない輸入販売ルートが存在しています。

メーカーから直接取り寄せるのは難しいので，海外の代理店から購入するというルートも少なくありません。こうしたルートで売られる商品を並行輸入品と呼び，一般的に正規代理店の商品よりも安価で売られています。

並行輸入品は偽物というわけではありません。ただし，自動車や工作機械などの並行輸入は，故障した際に修理や補修部品の手配などで並行輸入業者では手に負えない場合が多いでしょう。やはりメンテナンスを考えると正規代理店などメーカー純正部品を取り寄せることができ，修理技術を修得している店で購入した方が安心です。

（3）駐在員事務所

駐在員事務所（Representative Office）という形態があります。製造業販社や商社，建設企業などは通常，市場開拓を狙った現地市場調査，販売戦略策定，有力販売店などとの関係構築のため現地に駐在員を派遣しています。長期出張という形態でも可能かもしれません。ただし，現地政府や現地企業，そして現地進出した外資系企業と関係を構築する必要があるので，現地に何らかの事務所を設置して，自社日本本社の現地駐在員事務所所長という肩書の名刺を持って活動した方が好ましいでしょう。駐在員事務所はRep. Officeなどとも呼ばれます。事務所を借り上げ，運転手や事務などの**現地スタッフ**

（**National Staff: NS**）を雇用し，事務所運営のための銀行口座も開設できます。事務所借館料やNSの給与，活動費などを日本本社から送金してもらいます。駐在員は労働許可（ビザ）を取得でき，一般的には１年毎に更新します。同じ人が毎年更新して10年以上も駐在しているケースも珍しくありません。

　しかしながら駐在員事務所は売買契約締結，商品代金受け取りはできません。商取引を直接おこなえず，契約当事者にはなれないのです。あくまでも情報収集のための暫定的な拠点です。小売店でいえば販売できないアンテナショップです。現地政府にしてみれば，商機を見極めて早く直接投資をして欲しいところです。外資系企業にしてみれば，駐在員事務所の方がコストが安く，日本企業や現地企業などを回って情報を集め，自社の名刺を渡すことができるので，事実上の営業拠点となっている場合も見受けられます。このような駐在員事務所は，明らかに営業行為をしていると当局がみなせば罰則があり，最悪の場合は閉鎖されてしまいます。

（4）現地法人

　市場が拡大してくると駐在員事務所を格上げし，**支店**や**現地法人**化することになります。一般的には現地法人を設立し，本社から独立した法人として現地での販売や製造活動をおこないます。本社から出向の形態で，社長，工場長，総務部長，経理部長などの駐在員が送られてきます。法的には本社からの制約は受けませんが，出資者（株主）としての意思を反映させ，本社は経営権を維持するのが一般的です。

　国によっては販売のための現地法人は，現地政府から現地企業との合弁形態を要求されます。本社の意思を反映させるためには51％以上の出資を確保したいところですが，国によっては外資側は最大でも49％までしか出資できない制限があり，メジャーを取れない場合があります。

　いずれにしても現地法人化するということは，現地のビジネスだけで黒字を確保できる勝算がなければなりません。先述の駐在員事務所は**コスト・センター**，現地法人は**プロフィット・センター**などといわれることがあります。

営業活動ができない駐在員事務所は経費を使うだけですが，現地法人は収益を上げる拠点として期待がかかっているのです。

（5）開発輸入

植民地経済時代，英国はインドで綿花を作付けし，収穫したものを本国に持ち帰って綿布に加工していました。ゴム，コーヒー，茶などの**プランテーション**も同様で，自国市場で使用される製品や材料を外国で生産し，それを持ち帰るという形態を**開発輸入**と呼びます。

日本企業も1985年の**プラザ合意**以後の円高で，国内で生産するよりも海外で生産して日本に輸入した方が安価となる物品が増えました。円高による為替条件に加え，労働者の賃金上昇や人手不足などもあり，労働集約的な産業の多くが日本市場向け生産を海外でおこなうという選択をしたのです。

例えば，衣類や履物を生産する企業も海外に工場進出をしましたし，他社に**生産委託**するといったこともあります。このほか，農業製品では，日本から種子を輸出して，海外で栽培して収穫までをおこない，商品は日本へ輸入するというものもあります。日本のスーパー・マーケットの野菜売り場では，中国産ニンニクや椎茸，長ネギなどをみかけますが，これらも中国から開発輸入されたものです。また，冷凍食品のミックス・ベジタブルや餃子なども日本企業がレシピを提供し，国際的な衛生基準を遵守した海外の工場に生産委託し日本市場に持ち帰っているのです。

バブル経済崩壊後，日本は長い不況期に入りました。物価は上がらず，デフレーションと呼ばれる物価下落がつづき，企業はこぞって低価格商品の開発輸入を増やしていきました。デフレ経済と開発輸入のビジネス・モデルの典型例が100円均一ショップの業態です。

さて，日本で作って日本で販売していた商品を，自社で直接投資した海外工場で生産して日本に持ち帰る場合，**逆輸入**と呼ばれます。今や逆輸入商品は私たちの身の回りにもたくさんあります。一部の自動車は日本企業がタイで生産した車ですし，衣類の多くも元々日本で生産していたものを現在は海

外に生産委託あるいは自社で海外生産した逆輸入品です。

　次に，**相手先商標による生産**（Original Equipment Manufacturing: OEM）という形態もあります。これは**OEM**と呼ばれ，受託者は委託者である企業の製品生産を請け負うものです。受託者である自社は生産するだけで，自社の名前は商品には表示されません。あくまでも委託者のブランドが表示されて販売されますので，受託者は影の存在です。工業製品のなかには莫大な開発費用がかかるものがあります。米系アップル社のiPhoneは，開発はアップルがおこない，生産は台湾の鴻海精密工業に生産委託していることが知られています。

　OEMの委託者は詳細設計，組み立て図面，技術指導も必要に応じて提供します。委託者のメリットは，①生産能力不足の補完，②生産に必要な投資の軽減，③生産に関わる経営資源の節約などがあります。一方，受託者のメリットは，①自社が持つ生産余力の活用，②自社技術水準の向上，③量産効果による生産効率向上，などがあるでしょう。

　製造業同士ではなく異業種間のOEMもあります。例えば，小売・卸売り企業が企画販売する**プライベート・ブランド**（Private Brand: PB）です。スーパー・マーケットやコンビニエンス・ストアでよく目にするようになりました。

　このほか，**相手先ブランドによる設計・生産**（Original Design Manufacturing: ODM）もあります。これは製造する製品の開発，設計，製造までを受託者が実施するもので，パソコン，携帯電話機生産で幅広く採用されています。受託者のなかには，マーケティングまでおこない，さらに物流や販売までを一貫して提供する企業もあります。OEMの進化系ともいえる形態で受託者が製品を企画，設計し，委託者はもはやブランドを提供するだけという状態になります。受託者は技術的に優れ，信頼に値する企業であること，委託者の持つブランドの価値が極めて高く，唯一無二の存在である場合に成立する形態といえそうです。

4 サービス貿易

　サービスとは役務のことを指します。役務ですのでモノではありません。いうなれば行為ですので，売買した後にモノは残りません。効用や満足などの価値を提供することです。このサービスの国境を越えた取引がサービス貿易です。

（1）サービスの特徴

　サービスは，宅配便などの**物流サービス**，ファスト・フード店やラーメン屋などの**レストラン・サービス**，スーパー・マーケットやコンビニなどの**流通サービス**などがあり，数え上げれば多くのサービス業に支えられて私たちの生活は成り立っています。

　サービス貿易とは，モノの貿易ではなく，二国間もしくは複数国間のサービスの輸出入のことです。例えば，海外旅行で日本に来た外国人が日本の旅館に宿泊することは，日本が外国にホテル・サービスを輸出したことになりますし，訪日外国人が日本の飲食店で食べて代金を払えば，日本が外国にレストラン・サービスを輸出したことになります。

　サービスには次の特徴があります。それは，①**無形性**（売買の前後で形が目にみえない），②**不可逆性**（一度購入すると返品できない），③**非貯蔵性**（貯蔵や在庫ができない）です。

（2）サービス貿易拡大の背景

　サービス貿易が拡大してきた背景には，企業の多国籍化があります。海外に現地法人を設置し，海外生産が増加しています。例えば，自動車生産の場合，新型車種の開発は日本本社でおこなって，海外現地法人はその車種の生産技術全般の提供を受けて生産することになります。すると，法人間で技術や特許，**ロイヤルティ**といった**技術移転料**がやり取りされます。

図表2-2　WTOが定めるサービス貿易の一覧

実務	自由職業，電子計算機及びその関連，研究及び開発，不動産関連業務，運転者を伴わない賃貸など
通信	郵便，クーリエ，通信，音響映像など
建設及び関連のエンジニアリング	建築物に係る総合建設工事，土木に係る総合建設工事，設置及び組立工事，建築物の仕上げの工事など
流通	問屋，卸売，小売，フランチャイズなど
教育	初等教育，中等教育，高等教育，成人教育など
環境	汚水，廃棄物処理，衛生及びこれに類似する業務など
金融	全ての保険及び保険関連業務，銀行及びその他の金融（保険を除く）など
健康関連及び社会事業	病院，その他の人に係る健康関連業務，社会事業など
観光サービス及び旅行関連	ホテル及び飲食店（仕出しを含む），旅行業，観光客の案内業務など
娯楽，文化及びスポーツ	興行（演劇，生演奏及びサーカスを含む），通信社，図書館及び記録保管所，スポーツその他の娯楽など
運送	海上運送，内陸水路における運送，航空運送，宇宙運送，鉄道運送，道路運送，パイプライン輸送，全ての形態の運送の補助業務など

（資料）WTOウェブサイトより作成。

　また，自動車の現地生産では一部の部品は日本から輸出して対応します。すると，これを輸送する物流サービスも拡大していきます。日本の輸送サービスに対して海外の企業が代金を支払うのであれば，それは国際輸送サービスの日本からの輸出に当たるのです。また，モノが動けば保険，決済などの金融サービスも必要となります。こうして企業の海外進出がサービス貿易を拡大させているのです。

（3）日本のサービス収支

　図表2-3は日本のサービス貿易収支の推移を示しています。2000年以降現在まで日本のサービス貿易は一貫して赤字で推移していることが分かります。その他サービスという項目にはいくつかのサービス業が含まれますが，近年黒字で推移しているものは，「建設」，「金融」，「知的財産権」などで，赤字

図表2-3　日本のサービス貿易収支の推移

(単位：100万米ドル)

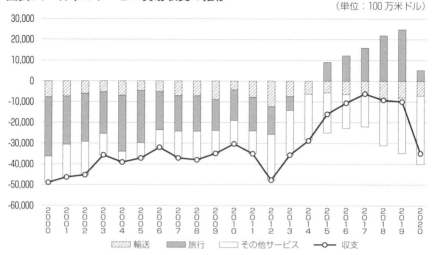

(資料) JETRO，財務省「国際収支状況」より作成。

のものは，「委託加工」，「維持・修理」，「保険・年金」，「通信・コンピュータ・情報」などです。

　「旅行」収支については日本は長年赤字で推移してきました。これは日本人の海外旅行や出張需要が基本的には内から外へ向かっていることが要因でした。2013年以降，2020年の東京五輪開催を気運にインバウンド旅行者が右肩上がりで増加した結果，サービス収支全体の赤字も相当解消されてきました。しかし，2020年には新型コロナウィルス感染症の蔓延で人の流れが止まり，日本を訪れる外国人は激減しました。もちろん日本から外国にいく需要も減りました。結果的に2020年のサービス収支は大幅な赤字となってしまいました。

　図表2-4は日本を訪問する外国人の国籍（地域籍）別推移です。2009年のリーマンショック不況，2011年の東日本大震災の時に一時的に減少に転じました。2013年には五輪の東京開催が決まり，右肩上がりで訪日外国人数は増加していきました。2020年の政府予想では4,000万人を超えるとされていたの

図表2-4 訪日外国人数の推移

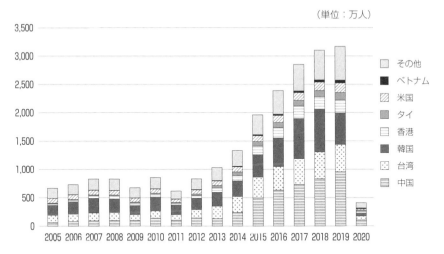

（単位：万人）

（資料）日本政府観光局（JNTO）資料より作成。

です。国籍（地域籍）別にみると，中国，台湾，韓国，香港，タイ，ベトナムなど，アジアからの来訪者が大部分を占めています。距離が近く，文化的にも相似性があるため，アジアからの訪日客が多いことが想像できます。また，デフレーションが長くつづく日本の物価は相対的に安く，かつ円の価値も一時期よりも円安にあるため，旅行先として選好されている面もあります。

〔設問7〕航空貨物の貿易に携わる「必須」の事業者とまではいえないものを次の
なかから1つ選びなさい。

　①空港施設運用会社　②航空会社　③税関　④商社　⑤損害保険会社

〔設問8〕直接貿易と間接貿易についての記述として，誤っているものを次のなか
から1つ選びなさい。

　①間接貿易は専門商社のノウハウを活用できる点がメリットである。

　②どのような商品でも直接貿易で輸入した方が安価である。

　③自社で直接貿易しないのであれば貿易部門や貿易人材は必須ではない。

　④間接貿易は在庫リスクや決済リスクを軽減できる可能性がある。

〔設問9〕自社がメーカーの場合の間接貿易の記述として，誤っているものを次の
なかから1つ選びなさい。

　①海外との取引でも自社に代わって商社が間に入るため，自社にとっては商社と
の国内取引となる。

　②商社が持つ市場情報や金融機能を利用できる場合がある。

　③商社が持つ「規模の経済性」を利用できるので輸入単価が安価となることがあ
る。

　④自社に貿易部門を置き，海外との契約や輸出入通関などの業務に精通しておく
必要がある。

〔設問10〕開発途上国の市場にはじめて輸入代理店を持つ際の注意すべき事柄とし
て，誤っているものを次のなかから1つ選びなさい。

　①契約期間を明確に設定する。

　②取扱商品の品目を明確にする。

　③代理店の活動地域（テリトリー）を制限しない。

　④代理店手数料率や支払方法を決める。

　⑤販売ノルマや広告宣伝費負担について代理店の権利義務を明確化する。

〔設問11〕外国に設置する駐在員事務所ができること，するべきこととして，正しいものを次のなかから1つ選びなさい。

①現地で銀行口座を開設し，事務所を借りてスタッフを雇用し給与を支払うことができる。

②販売促進活動のための即売イベントを開催し，顧客に直販することができる。

③顧客との間で売買契約を締結できる。

④売上に応じた法人税を現地で納める。

〔設問12〕OEMの受託企業のメリットについての記述として，誤っているものを次のなかから1つ選びなさい。

①遊休設備や土地の有効活用

②生産技術の獲得

③消費者への自社ブランドのアピール

④自社労働者の活用

〔設問13〕サービスの特徴についての記述として，誤っているものを次のなかから1つ選びなさい。

①無形性　②有形性　③不可逆性　④非貯蔵性

〔設問14〕近年の日本のサービス貿易収支で，赤字で推移しているものを次のなかから1つ選びなさい。

①建設　②金融　③知的財産権　④委託加工

〔設問15〕2012年以降，日本のサービス収支の赤字は徐々に緩和されつつあった。この赤字緩和の要因についての記述として，正しいものを次のなかから1つ選びなさい。

①日本人の海外渡航が増えたから。

②外国人の日本訪問客が増えたから。

③国際輸送における輸入貨物が増えたから。

④急激に円高が進んだから。

第3章

外国為替

　貿易取引では外国の取引先との間で代金の受け払いが発生します。使用される通貨は大抵の場合，米ドルとなります。日本円の国際的な信用向上によって，最近では**円建て決済**も増えてきていますが，円建て決済は日本の輸出の4割，輸入の2割程度とされます。日本は原油や鉱産物，食品を多く輸入していますので，こうした国際商品の多くが米ドル建てで取引されていることもあって円建て取引にしにくい面もあるようです。

　円建て決済であれば**為替リスク**はありません。為替相場が自社に有利に変動しても**為替差益**は得られませんし，その逆の場合でも**為替差損**は発生しません。円建て取引のメリットは差損も差益もなく，将来の売上や支払い額が現時点で確定できることにあります。

　多くの貿易決済が外貨建て取引になるため外国通貨と自国通貨（円）の交換が生じます。この交換比率を**外国為替相場**と呼びます。

1 外国為替相場の種類

　貿易取引において外国企業との間で代金決済をおこないますが，この際に使用する通貨同士の交換比率を**外国為替相場**といいます。外国為替相場には，**基準相場**，**クロス・レート**，**裁定相場**があります。ここでは自国通貨（円）と**基軸通貨**（米ドル）と相手国通貨（ユーロ）の3つを考えます。基準相場は基軸通貨（米ドル）に対する自国通貨（円）の相場を指します。クロス・レー

トは相手国通貨（ユーロ）と基軸通貨（米ドル）の相場で，裁定相場は自国通貨（円）からみた相手国通貨（ユーロ）の相場となります。図表3-1が示すとおり，裁定相場は基準相場とクロス・レートから算出します。あらゆる外国通貨は米ドルとの間に基準相場が存在するので，理論上，日本円と全く取引がない通貨でもクロス・レートから裁定相場が計算できます。

　企業が手元にある円を使って外国からの輸入代金をユーロで支払う場合，企業は事前にユーロの価値が円に対してどのくらいであるかを知っておく必要があります。現在の外国為替相場については，銀行が円貨からみた各国通貨の相場（**対顧客相場**）を公表しています。毎営業日の午前10時頃の銀行間取引の為替相場を参考に決定され，店頭で公表されると終日そのレートが適用されます。私たちが外国旅行にいく前に，銀行にいって手持ちの円を旅行先の通貨に両替する場合も，この対顧客相場をベースにしたレートで両替してもらいます。最近は街の金券ショップでも米ドルと円の両替をしているので，事前にレートを確認して有利な方で両替することが可能です。あるいは，

図表3-1　外国為替相場の仕組み

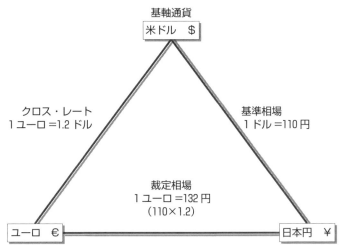

（資料）各種資料より筆者作成。

旅行先にもよりますが，最近は外国のどんな都市でもATMが普及しているので，キャッシュ・カードやクレジット・カードでのキャッシングを利用する方が銀行で現金を両替する際の手数料を考慮すると割安となるかもしれません。

2 先物相場

　対顧客相場は現在の相場ですので，**直物相場**とか**スポット・レート**とも呼ばれます。一方，企業は現在の相場ではなく将来の相場，**先物相場**を利用することが多いのです。なぜなら貿易取引は売買契約を結んでから支払い期日を迎えるまでに一般的に数カ月を要すためです。

　輸入者は3カ月後に荷物が到着して支払う米ドルを今両替して準備しておくわけではありません。将来の米ドル決済のために使うレートを今決めておくのです。このように企業と銀行との間であらかじめ外貨の受け払い時に適用するレートを決め契約することを**先物為替予約**といいます。本当に外貨が必要になった時に直物相場で両替すればよいではないかと，思われるかもしれません。個人間の少額取引であればそれでよいでしょう。しかし，企業は将来の不確定要素をなるべく排除するように行動します。為替差益を得るか為替差損を被るかは関係なく，為替予約をして将来の為替レートを今決めて，円建ての売上あるいは円建ての支払い額として確定させたいのです。先物為替予約は予約の実行日を将来の任意の特定日とする**確定日渡し**，予約を実行する期間を将来の任意の一定期間とする**期間渡し**などがあります。

　先物相場は気配値ですので目安でしかありません。実際の為替予約のレートは企業と銀行との間で個別に設定されます。予約期間ないし先物期間は，通常1〜3カ月程度で長い場合でも6カ月以内が一般的です。

　では，3カ月も先の為替相場を銀行や企業はどのように予測しているのでしょうか。例えば，中東で突発的な戦乱が起こり，アメリカが軍事介入した

ことをきっかけにニューヨーク市場で株が暴落したとします。かつては「有事のドル買い」といわれましたが，最近は有事でも米ドルが買われるとは限りません。アメリカの国力や米ドルの信認がかつてよりも低下しているからです。有事の際，アメリカ経済の先行き不安などが意識されて米ドルが売られるとします。為替相場は米ドル安，つまり円高へと変動すると考えられます。しかし，こうした世界で起こる政治や社会の変化を事前に正確に予測することは不可能です。

　先物相場の作られ方は，2通貨間の市場金利差によって決定されます。ただし，市場の需給状況，各銀行の市場予測や持ち高なども加味されます。市場金利が4％のアメリカに100万円を持っていき，直物相場で米ドルに両替して現地銀行に預金したとします。1年後も為替レートが変化していないと仮定すると，1年後に預金を下ろして全額を日本に持ち帰り両替すれば利子の分として4万円増えているので104万円になります。一方，市場金利が1.5％の日本で100万円を預金しておくと1年後には1.5万円の利子が付き101万5,000円となります。日米の金利差による差額は2.5万円で，これを**スプレッド**と呼びます。直物相場から1年後の相場を作るためには，このスプレッド分が相殺されるようにします。つまり日本で預金してもアメリカで預金しても最終的には同じ金額になるように為替レートを調整するのです。この調整後のレートが先物相場となります。市場金利差による先物相場の作られ方は図表3-2のとおりです。

図表3-2　先物相場の作られ方（米ドルと日本円の場合）

諸条件	市場金利：米ドル4％、日本円1.5％ 日米金利差：2.5％ 予約実行日までの期間：3カ月 直物相場：1米ドル＝100円
1年後のスプレッド	101万5,000円／104万円＝0.976
3カ月後の先物相場	100－（0.976×3/12）＝99.756円

（資料）各種資料より筆者作成。

3 為替リスクへの対処

世界情勢の変化により，為替相場の変動幅は金利差よりもはるかに大きく動きます。為替変動は利益になる企業もあれば損失となる企業もあります。損失だけが想定されるなら保険商品も存在すると思いますが，利益が出ることもあるため保険はありません。

いずれにしても売買契約を結んでから実際の決済までの期間に為替が変動することを見越して，企業は何らかの対応をしなければなりません。先述の為替予約の他，企業が取り得る主なリスク・ヘッジ策を図表3-3に例示します。

図表3-3　為替リスク・ヘッジの方法

リスク・ヘッジ策	内容
自国通貨建てによる契約	現在，日本の輸出の4割，輸入の2割が円建ての取引。
契約条件設定	売買契約に一定幅を超えた為替変動リスクを相手と折半する条項を入れる。
リーズ・アンド・ラグズ（Leads and Lags）	取引自体を早めたり，決済を遅らせる。例えば，市場が円高基調であるなら輸出取引を急ぎ，輸入は先延ばしする。
金融取引	信用状（L/C）発行から決済まで一般的に3カ月。この間，輸出の場合はL/Cを担保に銀行から借り入れ，外国債や外貨預金で運用する。
マリー（Marry）	取引決済後，外国通貨を円に両替せずに外貨勘定で預金・保管しておき，次回の外貨支払時に充当する。銀行手数料，為替売買手数料が節約できる。
その他	通貨オプション，スワップ取引など。

（資料）各種資料より筆者作成。

章末テスト

〔設問16〕次の条件の時，ユーロ／円の裁定相場はいくらになるか。正しいものを
　　　　　次のなかから1つ選びなさい。諸条件は，基準相場：1米ドル＝105円，
　　　　　クロス・レート：1ユーロ＝1.2米ドルとする。

① 1ユーロ＝87.5円

② 1ユーロ＝1.14円

③ 1ユーロ＝126円

④ 1ユーロ＝120円

〔設問17〕次の条件の時，米ドル／円の6カ月の先物相場として，最も適したもの
　　　　　を次のなかから1つ選びなさい。諸条件は，直物相場：1米ドル＝100円，
　　　　　米ドル1年物金利5％，日本円1年物金利1％とする。

① 1米ドル＝99.7円

② 1米ドル＝99.5円

③ 1米ドル＝100.2円

④ 1米ドル＝100.4円

〔設問18〕大幅な金融緩和を実施するアメリカの景気拡大がしばらくつづきそうで，
　　　　　米ドル高基調が予想される。為替リスクへの対処でリーズ・アンド・ラ
　　　　　グズを使う場合，日本で輸出入をおこなう企業が取り得る戦略として，
　　　　　正しいものを次のなかから1つ選びなさい。輸出入とも，米ドル建ての
　　　　　決済とする。

①輸出を急ぎ輸入を遅らせる。

②輸入を急ぎ輸出を遅らせる。

③輸出と輸入の両方を急ぐ。

④輸出と輸入の両方を遅らせる。

第4章

関税

　関税とは主に輸入品に対して国家が課す税金です。日本では国会で**基本税率**が決められています。安価で良質な輸入品は本来であれば自国民の経済厚生を高めます。よりよい商品をより安く購入できるからです。しかしながら，国内にも同じ商品を生産する企業や産業があり，外国産商品の流入がつづけば大きな打撃となります。日本は特に農業分野に高い関税を残しています。一方で自動車やエレクトロニクス関連製品などの工業製品は国際競争力が相対的に強いことから関税はゼロもしくは低率に設定されています。

　関税の役割としては，**国家の税収**であり，**産業保護のための手段**でもあるのです。

1　関税制度

　関税（**Customs Duty**）は主に輸入される物品に課す税金です。税金ですので国家にとっては貴重な税収となります。また，関税は国内産業保護政策の一手段となるものです。例えば，日本における関税は，工業製品に対してはほとんど0％ですが，農業製品に対しては高めに設定されています。つまり日本では税収を増やす観点よりも農業，林業などの産業保護に重きが置かれています。一方で開発途上国では税収確保の側面が強いとされています。ただし，2000年以降は多くの国がFTAを結ぶようになり，開発途上国であっても関税率は低下傾向にあります。このため，関税収入が減り，税収面で厳

しい開発途上国もあるようです。

　輸出に課される関税も時々みかけます。これは資源（レアアースや木材など希少資源）の乱獲防止の観点で輸出関税を設けているケースがあるからです。他地域で産出されない唯一無二の希少資源であるならば，他に競争相手がいないのですから輸出国は輸出関税を課して税収を増やすことができます。

　関税は輸入貨物の**CIF価格**（輸入時点の価格）に課税するのが一般的ですが，アメリカ，オーストラリア，南アフリカなど，**FOB価格**（相手国からの輸出時点の価格）に課税する国もあります。CIF価格は海上保険と海上輸送費を含む価格ですので，FOB価格よりも1割程度高いとされています。

2 HSコード

　輸出者は自転車部品として金属製チェーンを輸出したとします。輸入国の税関が「これは自転車部品ではなく単なる鉄製品である」と判断した場合どうなるでしょう。自転車の部品であれば関税率は10%だったのに鉄製品とされてしまうと20%の関税となります。開発途上国では税収を増やすために関税率の高い品目に認定するなど，税関が恣意的な運用をするケースが散見されます。

　恣意的ではないにせよ，輸出側と輸入側で認識する品目が異なることがないように共通の基準として**HSコード**があります。HSコードは**商品の名称及び分類についての統一システムに関する国際条約（The International Convention on the Harmonized Commodity Description and Coding System）**（HS条約）によって定められた品目分類のことです。153カ国が加盟し，208カ国がHS品目表を採用しています。共通の品目表に基づき判断することで，輸出入双方での品目の認識違いが起きにくくなりました。

　HSコードは21部（Section），97類（Chapter），約1,200項（Heading），約5,000号（Sub-Heading）の分類番号からなります。21部については大分類ですので，私たちが使うHSコードは，類以降の数字です。ちなみに，類（2

図表4-1　HSコードで表示する品目の例

部 Section	類（2桁） Chapter	項（4桁） Heading	号（6桁） Sub-Heading
第1部 動物及び動物性生産品	02 肉及び食用の くず肉	02.02 牛の肉 冷凍したもの	0202.30 骨付きでない肉
第2部 植物性生産品	08 食用果実・ ナッツ	08.02 ナッツ	0802.42 ピスタチオナッツ
第11部 紡織用繊維及びその製品	61 衣類	61.05 男子用のシャツ	6105.10 綿製のもの
第16部 機械類	85 電気機械	85.17 電話機	8517.12 携帯電話

（資料）税関ウェブサイトの「実行関税率表」より作成。

桁），項（4桁），号（6桁）までの約5,000品目が国際的に共通のもので，8桁や10桁といったさらなる分類は各国の裁量に任されています。図表4-1はHSコードで品目を表す際の例です。6桁まで定まると，ピスタチオナッツ，骨付きでない牛肉，携帯電話，綿製の男子用シャツといった品目まで絞り込むことができます。8桁や10桁になると，皮付きのピスタチオ，牛肩ロース肉，スマートフォンの部品，男子用ポロシャツといったさらに詳細な品目に絞り込んでいけるのです。

　また，貿易に際しては事前に輸入国税関で当該製品のHSコードを確認できる**事前教示制度**もあります。国の税関によって事前に当該品目のHSコードを認定してもらえれば，税関での恣意的なHSコードの適用といった問題は回避できます。

3　関税の種類

　関税は基本税率とされる税率を国会で決議して定めます。こうした自国の法律に基づいて自主的に規定する関税を**国定関税**と呼びます。このほか，

WTO協定や**経済連携協定（Economic Partnership Agreement: EPA）**によって
定められた協定関税があります。ちなみに，EPAとは日本が好んで使用す
る名称で，一般的にはFTAと呼ばれるものです。これら関税率は毎年実行
関税率表として税関がウェブサイトで公開していますので，調べたい品目の
HSコードが分かれば簡単に関税率が確認できます。

　関税はHSコードによる品目が特定できなければ調べることができません。
また，その品目の原産地がどこであるかということも重要となります。船が
シンガポールから来たとしても，貨物の原産地がインドであるならば，イン
ドからの輸入品目として貿易統計に計上され，関税率もシンガポールではな
くインドと日本の協定税率を調べる必要があります。例えば，原産地が中国
の場合，日本は中国との間にまだ二国間のFTAやEPAがありません。ただ
し，中国はRCEP加盟国ですので，RCEP協定税率もしくはWTOの税率が
適用可能です。また，原産地がマレーシアのものを輸入するのであれば，マ
レーシアはWTO加盟国であるだけでなく，日本との間に二国間EPAを締
結している上，CPTPPの加盟国でもあります。さらにマレーシアは**東南ア
ジア諸国連合（ASEAN）**の1国ですので，日本とASEANとのEPAも適用で
き，かつRCEPにも加盟しています。つまり，マレーシアから何かを日本へ
輸入する際，最も有利な関税率を探すためには，WTO関税，二国間EPA，
ASEANとのEPA，CPTPP，RCEPの税率を比べる必要があります。なお，
CPTPP税率は加盟国に対してどんなFTA，EPAよりも高次元の自由化を
与えるものです。つまり関税率はほぼ0％となっており，CPTPPの加盟国
であるなら他の協定税率と比べるまでもなくCPTPP一択になります。

　特恵税率は**一般特恵関税制度（Generalized System of Preferences: GSP）**と呼
ばれます。開発途上国の輸出の拡大，工業化と経済発展の促進を図るため，開
発途上国から輸入される一定の農水産品，鉱工業産品に対し，一般の関税率よ
りも低い税率，すなわち特恵税率を適用します。**国連貿易開発会議（UNCTAD）**
において，南北問題解決の一手段として先進国から開発途上国に対し一方的に
便益を与える特別措置として1968年に合意し実施しています。日本は1971年か

ら実施しており，対象となる開発途上国として143カ国を認定しています。

　後発開発途上国（**Least Developed Country: LDC**）に対する**LDC特別特恵措置**もあります。日本は1980年より実施し，現在は開発途上国のなかでも後発国47カ国をLDCとしています。そして，これらLDCに対して，特恵対象品目全てに加え，特別特恵対象品目（2,431品目）に無税・無枠の優遇措置を適用しています。

図表4-2　関税の種類

国定関税

基本税率	国内産業の状況等を踏まえた長期的な観点から，内外価格差や真に必要な保護水準を勘案して設定される。
暫定税率	一定の政策上の必要性等から，基本税率を暫定的に修正するため，一定期間に限り適用され，常に基本税率に優先して適用される。
特恵税率	開発途上国・地域を支援する観点から，開発途上国・地域からの輸入品に対し，原産地証明書の提出等の条件を満たすことにより適用される。MFNの例外として，実行税率（国定税率（特恵税率及び簡易税率を除く。）と協定税率のいずれか低い税率）以下に設定される。
入国者の輸入貨物に対する簡易税率	入国者が携帯し，あるいは別送して輸入される貨物に対し適用することのできる税率。関税・消費税などを総合し水準が設定される。
少額輸入貨物に対する簡易税率	入国者が携帯し，あるいは別送して輸入される貨物で，課税価格の合計額が20万円以下の輸入貨物に適用される。

（資料）各種資料より筆者作成。

協定関税（EPA，FTAなど）

協定税率	WTO加盟国・地域に対して一定率以上の関税を課さないことを約束（譲許）している税率。国定税率よりも低い場合，最恵国税率として，WTO全加盟国・地域及び二国間通商条約（EPAを除く。）でMFNを約束している国からの産品に対して適用される。
EPAに基づく税率	EPAを締結している国からの産品を対象とし，それぞれの協定に基づいて適用される税率。それぞれの協定の原産地規則等の条件を満たすことにより適用される。

（注）日本のEPA発効国については，図表14-2を参照。
（資料）外務省，税関ウェブサイトより作成。

4 課税標準

関税の計算の基礎となるものを**課税標準**といいます。課税の対象とする数値，つまり物品の金額に課すのか，物品の数量や重量に課すのかといったことが課税標準です。

従量税は数量（重量，個数，面積，容積など）を課税標準として税率を決定するものです。関税ではありませんが，例えば自動車重量税，ガソリン税，酒税などが従量税です。関税ではコメ（402円／キログラム），などが従量税です。

従量税は**国内産業保護の効果**が大きい関税です。輸入価格が低下しても関税額は変わりません。輸入品の価格が下がれば下がるほど高い関税を課している状態になります。

課税標準として最も一般的なものは**従価税**です。輸入品の**CIF価格**に一定の率で課税します。価格変動につれて関税額も変化するため一定程度の価格変動であれば産業保護効果は維持できます。しかし，輸入品の価格が相当程度下がれば関税額も低くなるため国内産業保護という機能は薄れていきます。

また，**従価従量選択税**は，例えば革製の靴が該当し，価格の30％もしくは4,300円／足のうちいずれか高い方が課税されます。また，**従価従量併用税**は，例えば，こんにゃく（40％＋3,289円／キログラム）などが該当します。従価と従量で算出した税額を両方とも課税する方式です。日本のこんにゃく輸入関税は税率に換算すれば1,700％になるとされます。

5 その他の関税（特殊関税）

特殊関税制度は不公正な貿易取引や輸入の急増等の特別の事情がある場合に，貨物・供給者・供給国等を指定して，通常の関税の他に割増関税を賦課することにより，国内産業を保護・救済するための制度の総称です。

特殊関税制度は，日本だけではなく，多くの国でも採用されています。ただし，特殊関税制度を各国が濫用すれば自由貿易の秩序を歪めることとなるため，WTOでは特殊関税発動の要件や手続きを定めています。

特殊関税のなかでも，**緊急関税（セーフ・ガード）**に対抗するための関税として**対抗関税**があります。例えば，2001年に日本が中国からの畳表，生シイタケ，長ネギの輸入急増に対して**セーフ・ガード**の暫定措置を発動した際，中国は自動車，携帯電話，エアコンの日本からの輸入品に100％の**対抗関税**を課しました。

このほか，WTO加盟国のなかで唯一日本だけ適用できる豚肉に対する**差額関税**もあります。これは輸入品の実勢価格と政策的な価格（国内産業を保護できる最低価格）との差額を税額とするものです。また，従課税の応用版ともいえる**スライド関税**があります。これは輸入価格が大きく変動する商品（玉ねぎ，銅・鉛などの鉱産物）に対して，安定価格帯を設定し，それを上回ると関税が逓減し，下回れば逓増するという仕組みです。最後に**季節関税**についてです。これは農産物の収穫期が一定時期に集中する場合，この時期に輸入関税を引き上げて国内生産者を保護するものです。例えば，国内でみかんが採れない6〜11月の期間においてオレンジの輸入関税は16％ですが，みかんと競合する12〜5月にかけては32％に跳ね上がります。

図表4-3　主な特殊関税の種類と内容

特殊関税	内容
相殺関税	輸出国の補助金を受けた輸入貨物に対する税。
不当廉売関税 （アンチ・ダンピング税）	正常価格（輸出国内の販売価格等）より低い輸出価格（ダンピング価格）で販売された貨物の輸入に対する税。
緊急関税	予想されなかった事情の変化により増加した輸入貨物に対する税。セーフ・ガードとも呼ばれる。
報復関税	ある国がわが国の輸出貨物などに対して差別的に不利益な取扱いをしている場合にその国からの輸入貨物に対する税。

（資料）各種資料より筆者作成。

〔設問19〕関税についての記述として，正しいものを次のなかから1つ選びなさい。

①主として輸出品に課される。

②関税を引き下げると国内産業保護の効果がある。

③日本は工業製品の関税率が相対的に低い。

④日本では従価税の場合，輸入品のFOB価格に課税する。

〔設問20〕日本の企業がベトナムから日本に生鮮パイナップルを輸入する際，実行関税率表で最も税率が低いのは次のうちどの協定か。正しいものを次のなかから1つ選びなさい。

①WTO協定のMFN税率

②日・ベトナムEPAの税率

③TPP11（CPTPP）の税率

④基本税率

⑤日・ASEANのEPA税率

〔設問21〕関税の課税標準が従価税の場合の記述として，正しいものを次のなかから1つ選びなさい。

①輸入価格が上がると関税額も上がる。

②輸入価格が下がると関税額は上がる。

③重量もしくは体積を課税標準としている。

④輸入価格が下がると，従量税よりも国内産業保護の効果が高まる。

〔設問22〕2001年に日本が中国からの畳表，生シイタケ，長ネギに緊急関税（セーフ・ガード）の暫定措置を発動した際，中国は対抗措置として日本からの輸入3品目にそれぞれ100％の対抗関税を課した。その3品目の組み合わせとして正しいものを次のなかから1つ選びなさい。

①自動車，携帯電話，テレビ

②自動車，携帯電話，エアコン

③エアコン，パソコン，テレビ

④エアコン，パソコン，オートバイ

閑話休題①　ベトナム産生鮮ライチの日本上陸

ライチの対日輸出

　6月初旬のある日，クール宅配便で5キログラム入りのベトナム産生鮮ライチが東京の自宅に届きました。送り主は東京に住んでいるベトナム人の友人からでした。早速お礼のメールを入れると，「2020年から日本輸入が解禁となったベトナム産生鮮ライチです。ご賞味あれ！」と返信がきました。私は日本にも生鮮のライチを輸入できるようになったことに喜び，手元のライチを感慨深く眺めたのでした。

　私は2000年頃，日本政府系貿易促進機関に所属しており，ハノイに駐在していました。ベトナムはアメリカとの通商協定すら締結しておらず，国際経済への参入を目指しつつもアジア通貨危機の不況下で輸出の伸び悩みに苦しんでいました。ベトナム産ライチを加工品にして日本に輸出するのであれば，お酒，ジュース，缶詰，冷凍，乾燥ライチなどが考えられますが，生鮮ライチに勝る付加価値はありません。

　私の仕事はベトナムから輸出可能な商品をみつけ，日本や世界にそれを売り込むことでしたので，日本から食品スーパーの果物の専門家と菓子メーカーの開発担当者をハノイに招き，ベトナム北部のライチ産地を訪れ，何か策はないものかと調査を進めました。

　当時の日本政府のスタンスは，政府間の取り決めによって定めた燻蒸（くんじょう）処理や梱包をし，数量を決めて輸入することが前提で，台湾や中国からの生鮮ライチの輸入を優先するのでベトナム産はまだまだ先になるということでした。さらに，生鮮とはいっても，聞くところによれば，燻蒸処理で70度近くにまで熱するので生鮮ライチの風味は失われてしまうであろうということでした。

自宅に届いた生鮮ライチ（2021年6月）

高貴な印象

　中国南部原産のライチは唐代から栽培の歴史があるムクロジ科の果実です。中国語では荔枝と書き，普通語発音ではリージィと読みます。ライチという日本語の発音はおそらく広東語か閩南語（福建語）の音が日本に伝わったものだと考えられます。枝付きで収穫されることからこの名が付いたようで，楊貴妃が好んで食し，八日八晩の馬車リレーで福建省から長安までライチを運んだ逸話が有名です。この逸話によって日本でも生のライチを食べたことはないけれど，ライチに対して高貴なイメージを抱く人が多いようです。

　果実はビタミンCを豊富に含み，新陳代謝，強壮，疲労回復，浄血などに効果があるとされます。一方で，食べ過ぎると，のぼせて鼻血が出たり，吹き出物が出たり，私の友人はライチの食べ過ぎが原因と考えられるドライ・アイに長く悩まされています。中国では上火の食物とされ，食べると体を火照らせ，中和のために塩を付けて食べるとよいとされていました。冷やしたライチをつまんで皮を剥くと，はちきれんばかりの白い果肉がむっちりと顔を覗かせます。かじるとブチュッと果汁がほとばしり，ライチ特有のさわやかな香りが鼻腔を抜けていきます。つい無意識に手が伸び，気付けばたくさん食べてしまうというのがライチでもあります。

広東省東莞市のライチの果樹園（2007年6月）

追熟しない果実

　ベトナムのライチの季節は瞬く間に終わります。主産地はバックザン省，ハイズオン省などの北部で，収穫の南限はニンビン省（ハノイから南へ100キロメートル）です。収穫期は5月末から7月初旬の僅か1カ月余しかありません。ベトナムで栽培されるライチは17種あるといわれ，なかでも種子が小さく，実が大きく，糖度が高い品種，Vai Thieuという種が最も好まれ，ベトナム産ライチの8割を占めるとされます。Vaiというのはベトナム語で「ライチ」で，ThieuはThieu Chau（潮洲）という中国の地名からきています。昔，中国の

 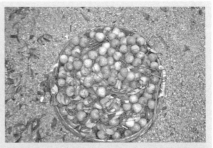

ライチを収穫する農民。広東省広州市花都区 ライチは枝付きで収穫される。広東省広州市花
（2006年7月）　　　　　　　　　　　　　　都区（2006年7月）

　広東省の潮州から来た船の甲板から捨てられたライチの種をベトナム人が拾い，それを育てたのがベトナム産ライチのはじまりとされています。楊貴妃の使いがベトナム北部のハイズオン省まで来たといわれています。その時代はベトナムの歴史でみると，いわゆる北属期で，ベトナムは中国の版図の南部辺境という位置付けでした。楊貴妃伝説が本当だとするならば，Vai Thieu（潮ライチ）であったかは別としても，ベトナムのライチ栽培は今から1,400年以上も前からおこなわれていたということになります。

　このベトナム産のライチは糖度が21度とずば抜けて高く，日本の初夏の果物，スイカ，メロン，桃，ビワ，ブドウ，さくらんぼなどと比べても強力なライバルとなります。当然，日本政府としてもこれだけの糖度の果物を日本に入れることは国内農業保護の観点から厳しい決断となります。

　ライチの弱点といえば，「旬が20日間程度と短い」こと，「追熟しない」ことです。バナナやメロンなど，収穫後も追熟して糖度が増す果物と異なり，ライチは追熟しないので収穫後，時間の経過とともに確実に味が損なわれていきます。外気温保存が主流のベトナムでは，収穫後3日目から茶色く変色しはじめ，商品価値はどんどん低下していきます。2000年当時，5月下旬に初物として出回るライチは約200円/キログラム程度でした。しかし，6月中旬のシーズンのピーク時にはハノイのいたる所で売られるようになり，50円/キログラム程度でたたき売られてしまうのです。

ライチの悲哀

　2000年にベトナム最大のライチ産地であるバックザン省のルックガン郡の目抜き通り，Chu通りを訪問しました。通り全体がライチの集散地であり，収穫した果実を次々と運び込む農民，仲買人である街道沿いの住民，ホーチミン市やダナンから遥々やって来た冷蔵トラックでごった返していました。トラックは南国産果実のマンゴーやマンゴスチンをハノイまで輸送し，帰路の積荷を求めてライチ産地まで足を延ばしているのでした。

　地元の担当者に「なぜハノイに持っていって売らないのか？　もっとたくさんのバイヤーが来るのでは？」と聞きました。すると，担当者は「売りにいけば買い叩かれます。欲しい人が取りに来るからこそ高く売れるのです。楊貴妃だって取りに来たでしょう」といって笑うのでした。何とも原始的に思えたのですが，冷蔵トラックや大型冷蔵倉庫などがまだ少なかったベトナムの流通事情を考えれば，確かにそうかもしれません。

　ライチ通りは土埃が風で舞い，ライチの葉がそこら中に散乱し，人々の競りの掛け合いが響き渡っていました。売れ残ったライチは早々に見切りを付けられ，仲買人の住宅の裏手に運び込まれていきます。「どうするのだろう？」と興味を持ち，覗きにいくと，レンガで造られた6畳間ほどの物干し台（乾燥台）にライチを並べ，石炭炉で下から熱するのです。上からは灼熱の天日が容赦なく降り注ぎ，汗で黒光りする青年が上半身裸でライチを丁寧に掻き回しています。甘い果汁が蒸発し，屋外なのにむせかえる程の臭気と熱気で目を開けているのも辛いほどでした。

　約3日間の灼熱地獄を経て乾燥ライチができ上がります。赤みが薄れ茶色くなったライチは生鮮のものと比べて一回り小さくみえます。実を振ればカラカラとなかで音がして，爪を立て皮を剥くとなかはほとんど空洞で，小指の先ほどに収縮した干しブドウのような黒い実がコロンと恨めしそうに出てくるのです。瑞々しい豊満な果実を世間に披露することなく，3日間のサウナ地獄の末に，哀れな黒い繊維質に成り果てたライチをみた私は，やはりベトナム産ライチを生鮮のまま救い出す道はないものかと妙な正義感をたぎらせたものです。

果たした義理

　あれから20年以上が経ち，すっかりベトナム産ライチのことを忘れていました。突然送られてきた生鮮ライチに接し過去の記憶がよみがえってきたのです。この日本に上陸した生鮮ライチは，みた目，風味，鮮度，どれを取ってもかつてベトナムで食べたものと変わらないようにみえます。燻蒸処理の技術が上がったのか，本来の果実の瑞々しさを失わずにこうして手元に届くようになったのです。いずれにせよ，20年という年月を経て，ようやくベトナム産生鮮ライチに義理を果たすことができたと，どこかほっとしたのでした。

ハノイの路上の野菜売り（2006年10月）

中国とベトナムの陸上国境にある友誼関。楊貴妃の使いもここを通ったのだろうか（2010年2月）

第5章

貿易摩擦

　貿易摩擦と聞いて皆さんはどのようなことを思い起こすでしょうか。最近の出来事としては，アメリカと中国との間で2018年頃から顕在化した**米中貿易摩擦**が有名でしょう。当時のトランプ大統領はアメリカの貿易赤字の4割を占める中国を名指しで非難して制裁関税を適用しました。

　貿易摩擦は決して新しい問題ではありません。比較優位に基づく自由貿易によって繊維製品や自動車の輸入が急増すると，アメリカ国内の同産業に失業や倒産などの悪影響が起こります。日本もアメリカとの間で数多くの貿易摩擦を経験してきました。本章では**日米貿易摩擦**を中心にみていきます。

1　日米貿易摩擦

　図表5-1は1960年から現在までの日本の対アメリカ，対世界の貿易収支の推移を示しています。貿易収支とは輸出額から輸入額を減算（引き算）したものです。プラスであれば黒字，マイナスであれば赤字となります。日本の貿易収支は1964年までは対世界，対アメリカも赤字でした。その後，工業製品の輸出が拡大し，貿易収支の黒字が固定化していきます。ただし，その後の対世界赤字をみると，1970年代の**オイル・ショック**による原油高，2011年の東日本大震災に伴う原発事故と原発停止による液化天然ガス（LNG）輸入増など，基本的に日本の貿易動向はエネルギー価格に多くの影響を受けていることが分かります。対アメリカ貿易収支は一貫して黒字がつづいています

図表5-1　日本の貿易収支の推移

（単位：100万米ドル）

（資料）IMF, "Direction of Trade" より作成。

　が，1985年の**プラザ合意**による米ドル安／円高によって，自動車やエレクト
ロニクス製品を製造・販売する日本企業はアメリカでの現地生産を進めてき
ました。このためアメリカとの間でその後，貿易摩擦に発展するような品目
は顕在化していません。また，急成長した中国との間の貿易不均衡がアメリ
カにとっての頭痛の種になっているのです。

　図表内に矢印で示した品目は，日本の対米貿易で摩擦の対象となったもの
です。綿製品や繊維，鉄鋼といった個別品目の日本からの対米輸出が増えた
ため，アメリカの同業者は減産に追い込まれていきました。そして，これら
の業界で組織する団体，いわゆる業界団体はアメリカ政府に陳情し，アメリ
カ政府が日本政府に不均衡是正を要求するという構図となります。

　少し話は変わりますが，日本もTPP協定に参加することについて，国内
農業団体などが強く反発しました。政府与党も票田である農業を無視できな
いので，自由貿易による市場開放には慎重にならざるを得ません。このよう
に，貿易の自由化に際しては，各国でさまざまな反対勢力が立ち上がります。

貿易自由化は一見すると外交問題にみえますが，対外交渉のための国内での相談と説明など，多くの時間と労力が国内調整に注がれますので，内政の問題でもあるのです。

　さて，日本はアメリカとの貿易摩擦が顕在化し大きな対立となる前に解消することに努めてきました。つまり，日本は貿易不均衡是正を迫るアメリカに対し，粘り強く交渉はしたものの，最後は制裁関税や報復の応酬という泥沼化を避けるために自ら輸出を自粛するという解決方法をとりました。巨大な市場を持つアメリカと喧嘩しても輸出市場を失うだけで日本にとってはメリットがありません。一方でアメリカは日本と喧嘩して物別れに終わっても失うものはありません。つまり対等な交渉は最初から期待できないのです。

　最初の日米貿易摩擦の顕在化は綿製品でした。インドなどから綿花を輸入して加工した綿糸や綿布などの綿製品の対米輸出が急増したのです。日本はアメリカとの交渉の末，5年間の**対米輸出自主規制**を約束させられたのです。自由貿易の原則から，アメリカが輸入規制をおこなうのは問題が多く，輸出側が「忖度(そんたく)」して輸出量を減らすことを約束したのです。以後，アメリカとの貿易摩擦に際しては，日本政府は業界団体に働きかけ「輸出自主規制」を繰り返すようになるのです。また，日本企業はアメリカやアジア諸国・地域へと工場進出して現地生産を拡大することで対米貿易摩擦は収束したのです。

（1）繊維摩擦

　繊維に関する日米間の貿易交渉は1955～1972年の間つづきました。1955年にアメリカが繊維製品の関税を引き下げたことで，日本製の安価な綿製品の対米輸出が激増しました。アメリカの繊維業界は日本からの綿製品輸入制限を求めてアメリカ政府に圧力をかけました。1957年には**日米綿製品協定**を締結し，日本は綿製品の対米輸出を5年間自主規制することになりました。1960年代に入っても日本の繊維製品のアメリカ市場への流入はつづき，アメリカは繊維貿易の不均衡是正を常に要求していました。特に1960年代末のニクソン政権は選挙公約に基づき日本に対する厳しい自主規制を要求するよう

になりました。こうして1970年代も日米繊維交渉はつづき，当時の沖縄返還交渉と絡めて「糸を売って縄を買う」などと揶揄されました。日本の繊維（特に縫製産業）は台湾・香港・韓国などに工場を移転するなどして対米貿易摩擦を回避したのです。

（2）鉄鋼摩擦

　1960年代に日本製の鉄鋼製品の対米輸出が増加したことで摩擦が生じ，日本は1977年に輸出自主規制を実施しました。1970年代以降にアメリカはトリガー価格（輸入鉄鋼品の最低価格）を定め，これを下回る価格で輸入される製品に対して**アンチ・ダンピング税**や**相殺関税措置**を取るようになりました。アメリカにとって鉄鋼産業は現在でも重要産業としてしばしば貿易摩擦の対象品目となります。近年ではアメリカのトランプ大統領が安全保障上の危機を理由に，外国からの輸入鉄鋼・アルミに制裁関税を導入しました。

（3）カラー・テレビ摩擦

　現在はテレビといえばカラー・テレビが当たり前の時代ですので，モノクロ・テレビを知らない人も多いでしょう。ブラウン管を使ったカラー・テレビは今から半世紀ほど前に市場に出はじめたため，テレビといってもモノクロ・テレビがまだ主流の時代でした。

　1970年代にアメリカは日本からのカラー・テレビの輸入急増を問題視し，アンチ・ダンピング税を賦課しました。その後，日本との間で輸出秩序維持協定を結び日本が輸出自主規制を実施することになりました。こうしたことから日本のテレビ・メーカーの多くがアメリカでの現地生産体制を整えていくことになったのです。

（4）半導体摩擦

　1980年代，日本の半導体が世界を席巻しました。半導体はあらゆる工業製品に利用されるので，産業のコメとも呼ばれます。安価良質な日本の半導体

に対して危機感を募らせたアメリカは通商法301条に基づいて日本に制裁を
おこないました。通商法301条は貿易相手国の不公正な取引慣行に対して当
該国と協議することを義務付け，問題が解決しない場合の制裁について定め
た条項です。これによって，日本からのパソコン，カラー・テレビ，電動工
具などに対し100％の報復関税が課されることとなりました。

　半導体産業は現在においても安全保障上，重要な産業です。電気信号によ
って制御する機械では半導体が随所に使われます。自国の半導体産業が衰退
することは軍需産業で使用される武器に組み込まれる半導体も外国製に依存
することを意味します。いわゆるバック・ドアと呼ばれる情報漏洩や敵国に
よる意図的な誤作動を引きおこす半導体が組み込まれるのではないかといっ
た懸念が出るようになってきています。

（5）自動車摩擦

　1970年代から日本車は価格が安く，故障が少なく，小型で燃費がよいなど
の特徴からアメリカ市場でも人気を博しました。自動車産業はアメリカにと
っても基幹産業で，日米間の自動車摩擦も激しくなっていきました。1981年
に日本が対米輸出自主規制をおこなうこととなり，日本の自動車メーカーは
アメリカでの現地生産を拡大していくことになります。

　1986年には対米貿易黒字は500億米ドルを突破し，830億米ドルに達しまし
た。プラザ合意後は米ドルの価値が下がり，日本円の価値が上がったことに
よって，日本はこれまで以上に安く輸入品を手に入れることができるように
なりました。それにもかかわらず，アメリカ製品の対日輸出は思ったように
伸びませんでした。

　アメリカは，自国製品や自国企業が日本市場に参入しにくいのは，日本市
場が閉鎖的だからとする批判を強めました。こうしてアメリカ産牛肉とオレ
ンジの日本への輸入拡大を迫るようになったのです。確かに，日本特有の商
取引慣行として，系列取引があり，これに外国企業が参加することは難しか
ったかもしれません。また，日本人は英語が苦手でコミュニケーションが取

れないことを閉鎖的だと思われたかもしれません。しかしながら，アメリカは日本に輸出する自動車は全て左ハンドルで，日本市場に合わせて右ハンドルの車を作って売り込むといった努力をしませんでした。ドイツ車などが右ハンドル車を用意して日本市場に売り込んでいたことと比べ対照的であったのも事実なのです。

2 中国の台頭

　1990年代に入ると中国の工業生産が拡大し対米輸出が増加していきました。2001年末に**中国がWTO加盟**を果たすと，世界各国の製造業が中国に殺到しました。中国の安価良質な労働者を活用して製造した製品を世界中に売るための条件が整ったからです。こうして，中国は**世界の工場**となったのです。

　2020年の中国の対米貿易黒字は3,170億米ドルで，日本の対米黒字の6.8倍の規模です。2018年には米中貿易摩擦によってアメリカが対中輸入品に対し制裁関税を25％課し，アメリカの対中輸入は減少したかにみえました。しかし，2020年には新型コロナウィルス感染症の世界的流行で不織布製マスクなどの医療防護具の対中輸入が急増するなど，再び対中貿易赤字が拡大したのです。

　中国は日本，韓国，台湾などから素材や部品を輸入し，それを中国で完成品に組み立てて全世界に輸出する構造で成長しましたが，現在は素材，素材加工，部品生産，モジュール生産に至る工業の全工程を国内に持つ巨大な工業国となりました。アメリカと中国との間では，貿易摩擦以外にも通信・半導体・蓄電池・レアアースなどハイテク分野の**技術覇権争い**も激しくなっています。アメリカは中国の経済的台頭が，ハイテク産業や知的財産権などアメリカが得意としてきた技術にまで及び，自国を脅かす水準にまで発展してきたことに警戒を示しています。このため，米中対立は貿易不均衡だけでなく，長期的な大国間の対立とならざるを得ないのです。

図表5-2　中国の貿易収支の推移

（単位：100万米ドル）

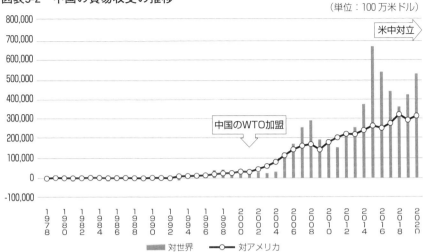

米中対立

中国のWTO加盟

■ 対世界　　○ 対アメリカ

（資料）IMF, "Direction of Trade" より作成。

章末テスト

〔設問23〕1950年代以降，日米貿易摩擦の対象となった製品（品目）として，<u>誤っているもの</u>を次のなかから1つ選びなさい。

　①自動車　②スマートフォン　③繊維　④鉄鋼　⑤半導体

〔設問24〕日本の貿易収支の推移についての記述として，<u>誤っているもの</u>を次のなかから1つ選びなさい。

　①オイル・ショックで原油価格が高騰したが，貿易収支は黒字を維持した。

　②東日本大震災で国内の原発が停止し，火力発電の燃料輸入が拡大した。

　③戦後の復興期は衣類，日用品など付加価値の低い製品輸出が多く貿易収支は赤字傾向がつづいた。

　④プラザ合意による急な円高で輸出が減り，輸入が増えたため，1980年代後半は貿易収支の黒字が減少した。

〔設問25〕中国は2000年代初頭に貿易収支の黒字を大きく拡大しはじめた。この黒字拡大についての記述として，<u>誤っているもの</u>を次のなかから1つ選びなさい。

　①WTOへ加盟し世界の工場となったから。

　②外資系企業の生産工場が多く進出して世界向け輸出を増やしたから。

　③習近平政権が誕生し開発独裁的な経済運営が功を奏したから。

　④対米輸出がけん引して世界向け黒字が拡大したから。

第6章

グローバル・マーケティング

　貿易取引には**グローバル・マーケティング**が欠かせません。あなたが輸出者として外国の輸入者を探索することを想像してみてください。日本は人口が減少しており内需は縮小傾向にあります。自社製品を日本でどれだけ売り込もうと努力をしても，販売拡大には限界があります。

　日本企業が販路を拡大するためには，日本以外の市場を新たに開拓する必要があります。当然のことながら間接貿易であれば商社などが販売先市場の情報を持っているかもしれません。あるいは取引のあるメガ・バンクであれば一定の市場情報を提供してくれるでしょう。それでも自社製品の特長を最も熟知しているのは自分自身であり，製品の有用性を説明したり，新たな可能性に気付いたりできるのも自社であり自分なのです。

　自社でグローバル・マーケティングをおこなえる一定程度の能力が必要です。高額な費用をかけて専門のコンサルティング会社に委託する方法もありますが，自社で世界各国・地域の市場情報を調べ，分析し，およその当たりを付けることができるかが，グローバル・マーケティングの第一歩となります。

1 マーケティング・リサーチ活動

　自社製品の売り込み先として潜在的な市場はあるでしょうか？　例えば，靴を履く習慣がない裸足の国の人たちにサンダルや靴を売り込もうと考える

のはどうでしょう。市場性はゼロのように思えますが，国民がサンダルや靴の心地よさや価値に気付けば爆発的に売れる可能性があります。ロート製薬の目薬など，1990年代初頭のベトナムでは目新しい商品でした。それまでのベトナムでは目薬は目に疾患があり病院にいって処方されてはじめて使うものでした。ロート製薬の進出によって，埃っぽい街をオートバイで走り回った後，爽快感や目の健康維持のために目薬をさす習慣が一気に広まったのです。

　このように特定の国の市場性は最後はやってみなければ分からないということが多いのですが，市場の特徴をある程度事前に知ることはできます。バイクに乗る女性の日焼け止めやヘルメットなどを売り込むのであれば，女性の社会進出が進んでいる国で，なおかつ公共交通機関が発達していない開発途上国がよいかもしれません。豚骨味や豚由来の成分を使った調味料を売り込むのであればイスラム教徒の多い国では難しいかもしれません。また，家でどの程度の自炊をするのかということに関しても事前にその国や都市のライフ・スタイルを調べておく方がよいでしょう。

　開発途上国では，シャンプーも大きなタンク容器ではなく1回分ずつの少量入りの小袋が雑貨店の軒先にぶら下げられて売られている光景をみかけます。味の素も使い切りのできる小さい袋に入って売られています。経済水準が高くない市場では，低所得層の人口規模は大きく，ボリュームゾーンです。こうした層にとってはシャンプーや味の素は日用品ではなく嗜好品なのです。メーカーは少しでも安い価格で多くの人に認知してもらうために小分けした商材を販売しているのです。その社会の所得階層をピラミッドに例え，トップが富裕層，真ん中に中間層，そして最大の人口規模となる下層の底辺部分に売り込むので，こうしたビジネスを**BOP**（**Base of the Economic Pyramid**）**ビジネス**と呼びます。

　このように何をどのように売るか？　ということを考える上でも，市場の状態を調べることが重要です。図表6-1では市場の状態を予測する初期的な判断材料となり得る指標の一例を列記しています。

図表6-1　市場状態の予測の一例

項目	市場状態	予測できる事柄
地理的特徴	山間部，島しょ部	物流コストがかかる。
	大都市一極集中	都市部以外の市場は小さい。BOPで郊外を攻めるか。
	熱帯気候	汗をかくのでメイク・アップ用よりも基礎化粧品，美白などに商機がある。
産業経済の状況	開発途上国	小分けのBOPビジネス 嗜好品より必需品
経済規模	人口とGDP	市場の大きさ
経済水準	一人当たりGDP	市場の平均的購買力 一人当たりGDPが3,000米ドル超でモータリゼーションがはじまる。
社会・文化・宗教	イスラム教徒	ハラルなど宗教的制限
	停電が頻発する	テレビや録画機などタイマー機能は不要。
	テレビ番組が退屈	DVDやネットをみる。 クチコミやSNSが有効な広告
	夫婦共働きが多い	冷蔵庫は冷凍室が大きい方がよい。 子供が一人で食べられるインスタント食品が売れるかも。
	裸足の国	靴の市場性はゼロか無限大→供給が需要を生み出すことも。

(資料) 各種資料より筆者作成。

（1）初歩的な調査

　ではマーケティング・リサーチはどのようにおこなえばよいでしょうか。「世界のどこでもよいから自社製品を輸出したい」というのでは調べようがありません。そこで，アジア・アフリカ・欧州・米州・先進国か開発途上国かといった大雑把な目標を定める必要があります。インターネットが普及する以前のマーケット・リサーチは，日本貿易振興機構（Japan External Trade Organization: JETRO）のビジネス・ライブラリーに通い，各国の統計データ，地域研究書，投資・貿易に関する制度情報，産業別ダイレクトリー（企業の住所と電話が記載された名簿）などをコピーして，会社に持ち帰り，外国市場

のことを研究しました。

　しかし，現在はインターネットがあるので調査方法は様変わりです。国別情報も貿易，経済，投資データはあっという間にインターネット経由で入手可能です。在宅のままでも相手国市場についての必要情報のほぼ全てが入手可能となりました。図表6-2はインターネットで無料で調べることができる各機関の情報を列記しました。英語のサイトもありますが，統計数字を調べるサイトですので英語が苦手な人でも活用可能です。

　日本企業にとって馴染みの深いアジア諸国について，ASEANの10カ国の経済指標を図表6-3にまとめてみました。**人口**と**国内総生産（GDP）**が最も大きい国，つまり**経済規模**が最大となる国はインドネシアです。また，**経済水準**が最も高い国は**一人当たりGDP**から判断でき，これはシンガポール，ブルネイの順です。ちなみに，日本の一人当たりGDPは3万9,000米ドルですので，シンガポールは日本より2万米ドル程度高水準にあり，国民の平均値では日本よりも1.5倍，購買力が高いと想像できます。また，経済規模が最大のインドネシアでも，その購買力はそれほど高い水準にありません。ただ

図表6-2　マーケット・リサーチで活用できる資料と機関の一例

機関名・データベース名	閲覧可能な資料やデータ
日本貿易振興機構（JETRO）	国別経済概況，国別経済関連法令，投資コスト比較，現地調査時のブリーフィング
日本国外務省	国別政治経済概況，日本との政治外交関係，海外安全情報，在留邦人数
国際通貨基金（IMF）"World Economic Outlook"	世界各国のGDP，人口，購買力平価，インフレ率，貿易伸び率，失業率，財政収支
国際通貨基金（IMF）"Direction of Trade"	世界各国の国別輸出額，輸入額推移。戦後から直近までのデータ。
国連 "UN Comtrade"	国別，商品別（HSコード8桁）貿易データ
国連貿易開発会議 "UNCTAD Stat."	戦後から直近までの世界各国の対外，対内直接投資のフローとストックの額

（資料）各種資料より筆者作成。

図表6-3　ASEAN諸国の経済指標比較

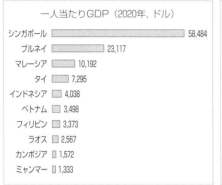

一人当たりGDP（2020年，ドル）

シンガポール	58,484
ブルネイ	23,117
マレーシア	10,192
タイ	7,295
インドネシア	4,038
ベトナム	3,498
フィリピン	3,373
ラオス	2,567
カンボジア	1,572
ミャンマー	1,333

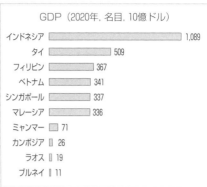

GDP（2020年，名目，10億ドル）

インドネシア	1,089
タイ	509
フィリピン	367
ベトナム	341
シンガポール	337
マレーシア	336
ミャンマー	71
カンボジア	26
ラオス	19
ブルネイ	11

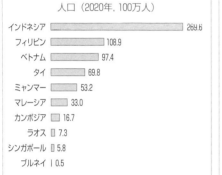

人口（2020年，100万人）

インドネシア	269.6
フィリピン	108.9
ベトナム	97.4
タイ	69.8
ミャンマー	53.2
マレーシア	33.0
カンボジア	16.7
ラオス	7.3
シンガポール	5.8
ブルネイ	0.5

対内直接投資（2019年，フロー，100万ドル）

シンガポール	92,078
インドネシア	23,556
ベトナム	16,120
マレーシア	7,698
フィリピン	7,647
タイ	6,316
カンボジア	3,706
ミャンマー	2,509
ラオス	557
ブルネイ	375

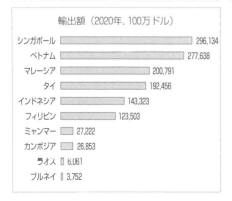

輸出額（2020年，100万ドル）

シンガポール	296,134
ベトナム	277,638
マレーシア	200,791
タイ	192,456
インドネシア	143,323
フィリピン	123,503
ミャンマー	27,222
カンボジア	26,853
ラオス	6,061
ブルネイ	3,752

（資料）IMF, "World Economic Outlook", "Direction of Trade", UNCTAD Stat. より作成。

し人口は2.7億人近くに達し，潜在的な市場として有望です。一人当たりGDPが3,000米ドルを超えるとモータリゼーションがはじまるといわれています。自動車が売れはじめる新興市場として人口の大きなインドネシア・フィリピン・ベトナムは注目できるでしょう。このほか，輸出額は非居住者倉庫業が盛んで，海運の要所に位置するシンガポールが再輸出額などを含むため最大となります。2位のベトナムは近年，韓国系サムスン電子によるスマートフォンやパソコンの輸出が活況で輸出額を伸ばしています。対内直接投資は，不動産や金融分野が多いシンガポールが最大となります。2位のインドネシアも日本企業のみならず世界の製造業が注目している市場のようです。また，国内市場の拡大や米中対立による中国生産の回避地として輸出生産するための工場進出がベトナムで増えているといわれます。このように，経済指標を並べて眺めているだけでも各国の事情が浮き彫りとなり，興味関心がある数値は新聞記事のネット検索などで背景を探るという調査手法が有効となります。

（2）本格的な調査

　事前の初期的調査を終え，社内にも説明し承認されれば，実際に現地にいって確認してくる段階となります。あるいは，商工会議所やJETROなどが主催するビジネス・ミッションに参加して，現地を訪れるというケースもあります。ビジネス・ミッションでは，現地で関係企業を回り，スーパーや市場を視察して現地社会の様子や市民の生活スタイルなどを確認できます。特に，現地での企業訪問は自社単独では面会してくれる企業を探すのはなかなか大変です。ビジネス・ミッションに参加すれば対象市場で効率的に各地を訪ねることが可能です。現地のスーパーの食品陳列棚をみれば，競合他社の商品，価格情報などが入手できます。街をいき交う人々の様子を眺めていると，高校生もオートバイで通学していたり，公共バスが常に満員だったり，出歩く女性が少ないと感じたり，荷物を積んで走り回るオートバイが多かったりと，日本と異なる社会の様子に驚かされることでしょう。

ホテルに戻って現地の地上波放送をみるとさまざまな情報が入手できます。例えば洗濯洗剤は液体ではなく粉のものが多いとか，コマーシャルをみるだけでも，どのような商品が主流なのかが分かります。ドラマをみれば市民はどのようなライフ・スタイルにあこがれているのかといったことも想像できます。

このほか，取引相手となる企業を探すことも重要です。自社で新たな市場に挑戦する際，代理店候補をみつけたいという企業がほとんどです。この場合，インターネットのBtoC，BtoBサイトを利用して，自社製品を輸入販売してくれる可能性がある企業を探します。また，海外展示会に出展して企業情報を集めることも有益です。このほか，自社の取引先銀行や商社の現地情報を活用したり，有料のJETROの現地パートナー候補企業調査やコンサルティング企業を利用して，代理店情報などを集めることもできます。

現地市場での代理店候補企業はいくつもの候補企業と面談して商品知識，営業手法，社内の雰囲気，社長の意気込みなどを観察して決めるべきでしょう。代理店を決定してビジネスが進行してくると，自社の社員を海外派遣して営業ノウハウを伝えたり，あるいは現地事情について学習したりします。さらに長期出張をしたり，駐在員事務所を設置するなどして，現地市場への関与を深めていくケースもあります。

代理店選びも重要ですが，現地企業と大きなビジネスを一緒に展開する場合は信用調査も必要でしょう。例えば，合弁で企業進出する飲食店や製造業などの場合，取引銀行や日本貿易保険，帝国データバンクなどを利用して相手企業の信用調査をします。また，同業他社に業界での評判をヒアリングしたり，株式会社であれば株主向けの公開情報（Investor Relations: IR）で企業情報を確認することもできます。

2 管理不可能な市場環境

外国市場はその国の政治体制によっても特徴付けられます。例えば，社会

主義国と資本主義国では，外資系企業に対する管理が異なるとされていました。社会主義国でも社会主義市場経済化国と呼ばれるような中国，ベトナムは資本主義国とそれほど大きな差はありません。ただし，国家や政府による経済統制や規制は相当程度存在しています。かつては「社会主義国は企業を儲けさせてくれない」といった評判がありましたが，資本主義の国でも訴訟大国のアメリカなどでは日本企業が訴訟対象となり多額の和解金を支払う事例も頻発しています。社会主義だからと，過度に警戒する必要はほとんどないでしょう。

　現地市場のリスクについて，企業がコントロールできないものについて，想定して備えておくことが重要です。そのためにはその市場に潜むリスクがどのようなところにあるのかを常に気にしていることが重要です。図表6-4は企業が管理できない現地市場環境の特徴について列記したものです。

図表6-4　企業が管理できない市場環境

要素	市場環境の傾向
独裁政権	人治社会，法律制度よりも人間関係重視
民主政権	バラマキ政策，政経分離，政治的混乱が目立つ国も
大国間摩擦	中国，アメリカ，ロシア，インドなど。禁輸や制裁と報復の応酬など。
クーデター	企業活動停止のリスク
文化・宗教・歴史的背景	戦争の歴史，植民主義による援助漬け，競争を美徳としない社会，宗教的な制約，国民感情（親日と反日）
自然，地理，気候	島しょ国で国内物流が不便（コスト高），山間部が多く人口集中都市が少ない，内陸国で国際輸送が割高
競争環境	財閥や国有企業の存在，内外差別による外資不遇の可能性

（資料）各種資料より筆者作成。

〔設問26〕 ASEANのなかで最も経済規模が大きい国はどれか。次のなかから1つ
選びなさい。

①マレーシア　②シンガポール　③インドネシア　④ベトナム　⑤フィリピン

〔設問27〕 現地市場の消費者の購買力を推定するのに最も適した指標はどれか。次
のなかから1つ選びなさい。

①GDPの規模

②輸出額の規模

③対内直接投資額の規模

④一人当たりGDPの水準

〔設問28〕 国として市場規模は大きくないものの，国民の購買力は日本よりも高い
国はどれか。次のなかから1つ選びなさい。

①ブルネイ　②インドネシア　③フィリピン　④タイ　⑤シンガポール

第**6**章　グローバル・マーケティング

第7章

取引交渉

取引先との契約交渉のことを**取引交渉**と呼びます。貿易における取引交渉は多種多様な物品やサービスの売買契約で，かつ外国との取り引きとなりますので，契約で取り決めのない事態に直面すると，双方で新たな交渉をし，責任範囲や賠償範囲を定める必要があります。しかし，事後に責任を押し付け合うことになるので，あらかじめ想定できる全てのリスクや費用を両者合意の上で契約に盛り込むことが最善の策となります。品質・価格・納期はもちろんですが，輸送方法や経由地，梱包の仕方やどちらがどの部分の輸送費，保険料を払うのか，商品代金の支払い時期，商品の品質基準など，決めておくべきことは広範囲に及びます。本章では取引交渉に必要ないくつかの決まり事，有効な方法や手段などをみていきます。

1 インコタームズ(Incoterms)

当事者間で貿易の費用やリスクをどう負担するのかを定めた貿易条件として**インコタームズ**が使われます。インコタームズは**国際**（**International**），**商業**（**Commerce**），**条件**（**Terms**）の造語です。フランス・パリに本部がある**国際商業会議所**（**International Chamber of Commerce: ICC**）が長い商取引の歴史のなかで形成された世界共通の了解事項を国際ルールとして標準化した国際規則です。

およそ10年に１度改定され，**インコタームズ2020**（2020年１月１日発効）

が最新版です。全11規則（アルファベット3文字のコード）で構成されている
インコタームズは，7規則からなる**「いかなる単数または複数の輸送手段にも
適した規則」**（図表7-1参照）と4規則からなる**「海上および内陸水路輸送のため
の規則」**（図表7-2参照）からなります。また，図表7-3は売主（輸出者）の費用
負担の範囲を一覧表にまとめたものです。

　コンテナ貨物の海上輸送で最もよく使われるFOBとCIFを例に示すと，
日本の輸出者とアメリカの輸入者との間の売買契約書上の価格条件をFOB
Yokohamaとした場合，輸出者は積出港である横浜港の本船（輸入者が指定す
る船舶）に積み込むまでの一切の費用を負担します。それを前提に売買価格
を算定する必要があります。

図表7-1　いかなる単数または複数の輸送手段にも適した規則

コード	英語	日本語	条件
EXW	Ex Works	工場渡	売主の工場や倉庫で買主に貨物を引き渡す。
FCA	Free Carrier	運送人渡	コンテナ船に使用される。売主は貨物を買主が指定した運送人に輸出地の指定場所で引き渡す。
CPT	Carriage Paid To	輸送費込	コンテナ船に使用される。売主は輸出地で売主が指名した運送人に貨物を引き渡す。
CIP	Carriage and Insurance Paid To	輸送費保険料込	コンテナ船に使用される。CPTに加え，買主の危険に対する保険を負担する。
DAP	Delivered At Place	仕向地持込渡	売主が指定されたターミナル以外の任意の場所における車上，船上で貨物を引き渡す。
DPU	Delivered at Place Unloaded	荷下込持込渡（指定仕向地を挿入）	売主が買主の指定の場所にて荷下ろしが完了するまでの費用とリスクを負担する。
DDP	Delivered Duty Paid	関税込持込渡	売主が指定仕向け国での輸入通関と輸入税支払いを済ませ，輸入地の指定場所まで貨物を持ち込み，到着した輸送手段の上で貨物を買主に引き渡す。

（資料）JETROウェブサイトなどより作成。

図表7-2　海上および内陸水路輸送のための規則

コード	英語	日本語	条件
FAS	Free Alongside Ship	船側渡	在来船に使用される。船積港で貨物が船側に置かれた時，引渡しとする。
FOB	Free On Board	本船渡	貨物が輸出港の本船の上に置かれた時，引渡しとする。
CFR	Cost and Freight	運賃込	FOBに加え，仕向け地までの運賃を売主が支払う。
CIF	Cost, Insurance and Freight	運賃保険料込	CFRに加え買主の危険に対する保険を負担。

（注）4規則とも指定船積港もしくは指定仕向港をコードの後ろに挿入。
（資料）JETROウェブサイトなどより作成。

図表7-3　売主の費用負担の範囲（インコタームズ）

	輸出地			輸送途中		輸入地			
	工場（倉庫）までの運賃	輸出通関料	船積費用	海上運賃	海上保険	仕向地港荷下	輸入通関料	輸入税	国内輸送費
EXW	●								
FCA*	●	●							
CPT*	●	●	●	●					
CIP*	●	●	●	●	●				
DAP	●	●	●	●					
DPU	●	●	●	●		●			
DDP	●	●	●	●	●	●	●	●	●
FAS**	●								
FOB	●	●	●						
CFR	●	●	●	●					
CIF	●	●	●	●	●				

（注）＊はコンテナ船のみ。＊＊は在来船のみ。
（注）●印は売主（輸出者）が負担する費用。
（資料）ICCウェブサイト及び各種資料より作成。

一方，この売買契約書上にCIF Los Angelesとされている場合，輸出者は輸入者側の港に着くまでの一切の費用と手配を担うというものです。なお，FOBのBoardとは船の甲板のことで，「荷物を船の甲板の上に置いた時点でフリーになる」という意味です。また，CIFのCostは**FOB価格**のことで，このコストに**海上保険（Insurance）**と**海上輸送費（Freight）**を合算した価格を**CIF価格**と呼びます。

2 取引条件

　売買契約を締結する際，取引する商品の品質，価格，数量，受け渡し，決済，アフター・サービスなどの条件を詳細に定める必要があります。一般的取引条件としては，貿易慣行として標準化，既定されたインコタームズを使います。ただし，**一般的取引条件**だけでは品質や価格，数量などを定めることはできませんので，**個別的取引条件**を売買契約に記載する必要があります。

　図表7-4は一般的条件と個別的条件を合わせて，売買契約時に取り決めておくべき要素を列記しています。

図表7-4　取引条件の定め方の例

売主の思惑	買主の思惑	合意し契約を結ぶ
品質条件は工業規格で定めたい。	品質標準について万全を期したい。	工業規格とサンプル（見本）で確認する。
価格条件はFOBにしたい。	できればCIFにしたい。	CIF条件
数量条件は最小で200個にしたい。	買い付け個数は100個程度にしたい。	150個
受け渡し条件は受注後60日としたい。	発注後30日にしたい。	30日
決済条件はL/Cにしたい。	L/Cが望ましい。	L/C

（注）決済条件のL/Cは信用状のことで買主側の銀行が発行するものであり，売主にとって最も低リスクとなる決済方法となる。
（資料）山田（2012）65ページより作成。

（1）価格条件

　ここではインコタームズのうち，最もよく使われる**本船渡し条件（Free on Board: FOB）**と**運賃保険料込み条件（Cost, Insurance and Freight: CIF）**について解説します。

　FOBは売主が貨物を本船に積み込むまでの一切の費用を負担する条件です。取引条件として最も一般的に使用されるものです。一切の費用とは，製品原価，無償サンプル提供費，工場から本船までの輸送費，保管料，輸出梱包，混載貨物のコンテナ・バンニング費，輸出検査，港湾施設使用料，輸出通関，船積み費用，国内輸送部分の損害保険，原産地証明書，資金手当て（金利），銀行手数料など多くの費用が含まれます。積出港を特定して，FOB Tokyo，FOB Kobeなどと表記します。

　これに対し，CIFはFOB価格（Cost）に加えて，**海上保険費（Insurance）**と**海上輸送費（Freight）**を加算した費用となります。積み荷を下ろす港を特定して，CIF Yokohama，CIF Londonなどと表記します。

　また，本船に積み込んでしまえば，その船が積み荷を下ろす港に到着して荷を下ろすまでの間，海上保険と海上輸送費以外には費用は発生しません。また，貨物を船に乗せた後の責任は船会社にあり，輸送中のリスクは海上保険が付保されています。つまり，売主と買主にとって，FOBとCIFは売買契約における費用の計算に違いがあるだけです。売主，買主にとってはFOBでもCIFでも必要なコストは全て売買価格に含んでいるため，どちらかが損をするとか得をするということはありません。ただし，本船の目的地への航行スケジュールが遅延することも少なくないため，不確実性を排除する意味でも売主にとってはFOBが望ましい条件といえます。

（2）品質条件

　品質の決定方法についてどのような手段があるでしょうか。アジア雑貨ブームと呼ばれた2000年頃，よくあったトラブル事例は次のようなものでした。

日本から多くのバイヤーがベトナムやタイに観光旅行で訪れ，街のショップでみつけた日本市場で人気となりそうなサンダルやバッグなどを100個，1,000個と発注します。代金はその場でクレジット・カードを使って全額決済します。ショップで手に取って品質もチェックしました。日本に帰国して，3カ月後を目安に船便で荷物が届きますが，なかを開けてみると粗悪品の山だったということが頻発しました。

　このように，サンプルによる品質条件を定めても，船積み時点で第三者によるチェックや自社担当者のチェックを経なければ，品質の食い違いが起こります。サンプルによる方法でも手作りのサンプルか機械で作る量産品のサンプルかによって大きく異なります。手作りの風合いが魅力のアジア雑貨は，その特徴からサンプルによる確認はあまり実効性がないのかもしれません。では，こうした事態とならないようにバイヤーはどのような対処ができたでしょうか？　そのショップが信用できるかをチェックするにも企業として登記されていない個人商店や露店だったりします。バイヤーは注文時と出荷時の２回に決済を分割し，出荷前に自分の目で品質チェックをし，あるいは第三者の検品会社に依頼するなどして品質確認をするのが得策でしょう。

　少し話は変わりますが，日本は1950年代に日用品などの軽工業品で，粗悪品を多く輸出し，世界市場で日本製品の評判を落としました。日本製といえば粗悪品の代名詞であったほどです。こうした事態に日本は1957年に輸出検査法を制定し，輸出貨物の品質面の検査を義務化した時期もありました。世界で日本

図表7-5　品質条件の決定方法の例

見本による方法	実際の生産見本を提出する方法	
説明による方法	銘柄による方法	ブランドを指定
	規格による方法	JIS，ISO など
	仕様書による方法	例）機械の仕様書
	標準品による方法	例）収穫予定の農産物など
見本と説明による方法	見本市で現物をみながら商談	

（資料）各種資料より筆者作成。

76

製の評判を落とすことは，国家の信用低下にもつながる重大な問題なのです。

図表7-5はこの重要な品質条件を定めるための方法を例示したものです。

（3）受け渡し条件

受け渡し条件は積地での**船積み時期（Time of Shipment）**を意味することが多いのですが，揚地（積み荷を下ろす地）での引き渡し条件もあります。船の運航状況や積み替えスケジュールなど不確実性があるため，先述のとおり売主にとっては積地引き渡しが望ましい条件となります。このため，価格条件もFOBとする取引が多くなると考えられます。

（4）決済条件

貿易取引の決済条件として最もリスクが少なく，多用されるものに，**信用状（Letter of Credit: L/C）**があります。貿易取引では，買主は前金を支払うのは避けたいですし，商品を確認してから払いたいと考えるのが普通でしょう。一方，売主は商品を船積みした段階で代金が欲しいと考えるでしょう。L/Cは買主側が手配するもので，売買契約成立後速やかに開設し，売主の船積み予定日より前に開設され売主側に通知されるべきものです。L/Cは輸入者の取引銀行（輸入地あるいは他国のケースも）が輸出者に対してL/Cに記載された書類と引き換えに輸入者の代わりに代金を支払うことを保証する支払い保証状です。L/Cの大まかな流れについては，図表7-6のとおりです。

輸入者は売買契約が成立する前には取引銀行にL/Cの開設を依頼します。L/Cが開設されると輸出者側の取引銀行にL/C開設が通知されます。輸出者は支払いが銀行によって保証されているので安心して船積みできます。そして，船積みをすると**船荷証券（Bill of Lading: B/L）**が船会社から発行されます。輸出者はこのB/Lを取引銀行経由で輸入者側の取引銀行に送達します。つまり，B/Lを担保にして代金が支払われていくのです。輸入者が自分の銀行に支払うことを約束し，輸出者は貨物を本船に積み込んだ時点でB/Lと引き換えに自社取引先銀行から代金を受け取ることができるのです。

図表7-6　L/Cの流れ

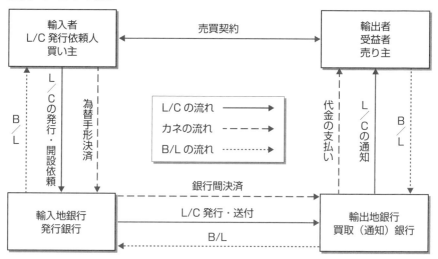

（資料）各種資料より筆者作成。

（5）船荷証券（B/L）

　船会社は荷主に対して**B/L**を発行します。**B/L**は，①船会社が貨物を受け取ったことを示す貨物受取証であり，②船会社が運送を引き受けたことを示す運送契約書であり，③B/Lの所持人が貨物の引き渡しを請求できる権利証券であり，④B/Lの裏書や引き渡しにより転売できる有価証券でもあります。L/C決済ではこのB/Lと引き換えに代金が支払われる仕組みとなっているのです。

　B/Lには，証券番号（B/L No.），**荷送り人（Shipper）**名と住所，**荷受人（Consignee）**，着荷通知先（Notify Party），本船の到着通知（Arrival Notice）の送付先（通常は輸入者社名と住所），荷受地（Place of Receipt），船積み港（Port of Loading），荷揚げ港（Port of Discharge），荷渡し地（Place of Delivery）などの情報が記載されています。

〔設問29〕国際標準の貿易条件を定めるインコタームズについての記述として，<u>誤っているもの</u>を次のなかから1つ選びなさい。

①パリに本部を置くICCが策定する貿易規則。

②貨物の受け渡し場所，リスクの移転時点，運送手配と運賃負担の区分などを明確にする規則。

③インコタームズを利用すると同時に個別の売買契約でより明確な条件を定めることが望ましい。

④インコタームズは海運のみ対象としており，飛行機やトラック輸送についての規定はない。

〔設問30〕横浜港を積出港としてアメリカのニューヨークに海運で貨物を運ぶ貿易取引で，価格条件をFOB Yokohamaとする場合の記述として，<u>正しいもの</u>を次のなかから1つ選びなさい。

①輸出者が横浜港の本船甲板までの一切の費用を負担する。

②輸入者が横浜港の本船甲板までの一切の費用を負担する。

③輸出者がニューヨークまでの海上運賃と保険を負担する。

④輸入者が貨物の着地を横浜港に指定している。

〔設問31〕貿易取引のための売買契約書に最低限記載すべき「必須の条件」とまではいえないものはどれか。1つ選びなさい。

①品質条件 ②価格条件 ③数量条件 ④使用条件 ⑤決済条件

〔設問32〕価格条件をFOBとした場合，輸出者がFOB価格に含むべき要素として，<u>誤っているもの</u>を次のなかから1つ選びなさい。

①製品原価 ②自社工場から輸出港湾までの輸送費 ③自社の販売利益

④輸出通関料 ⑤国際輸送に関わる海上保険

〔設問33〕貿易取引ではあらかじめ「見本」や「説明」によって品質条件を定め，契約書に記載しておくことが重要である。「説明」による方法として，<u>誤っているもの</u>を次のなかから1つ選びなさい。

①現物の見本を取り寄せ，これを条件とする。

②JIS規格の番号を指定し，取得することを条件とする。

③仕様書を取り寄せ，これを条件とする。

④ブランドを指定する。

〔設問34〕アジア雑貨ブームに乗じて，ベトナムのホーチミン市に観光旅行で訪れ，お土産屋街の露店でみつけた1足300円の木製サンダルを日本へ500足輸入することにし，輸送費も含めた総額20万円全額をクレジット・カードでお店に支払った。しかし，1カ月後に横浜港経由で自社倉庫に到着した貨物を開梱したところ，サンプルとは材質も絵柄も異なる粗悪品ばかりであった。こうした事故を防ぐための対応として，有効とはいえないものを次のなかから1つ選びなさい。

①輸出者が出荷する前に輸入者が委託した第三者に検品してもらう。

②前金で全額払うべきではなく，注文時50％，出荷時50％などと分割払いの条件にするべき。

③相手のお店が信用できるかどうか信用調査をしてから取引するべき。

④500足程度であれば2-3日延泊してでも自分の目で検品して発送するべき。

〔設問35〕L/Cについての記述として，誤っているものを次のなかから1つ選びなさい。

①貿易取引でよく使われる決済方法である。

②出荷前に輸出者が自社の取引銀行に開設を依頼する。

③輸入者の取引銀行が輸入者に代わって輸出者に対し支払いを保証するものである。

④輸出者は最速で貨物を本船に積み込んだ時点で代金を受け取ることができる。

〔設問36〕B/Lについての記述として，誤っているものを次のなかから1つ選びなさい。

①船会社が貨物を預かったことを示す貨物受取証である。

②本船が輸入地到着後も輸出者による原本保管が義務付けられている。

③船会社が運送を引き受けた運送契約書である。

④B/L所持者が貨物の所有権を握っている。

第8章

電子商取引

インターネットを使用して商品の売買をしたり，旅行サービスの予約や支払いをするなど，インターネットを経由した取引を**電子商取引**（**Electronic Commerce: EC**）といいます。Amazonや楽天市場でのネット・ショッピング，ネット・バンキングでの決済や送金など，私たちの生活に今や欠くことのできない基盤となっています。本章ではインターネット上の商取引のなかでも物品の売買を中心にみていきます。

1 電子商取引（EC）

1980年代後半にアメリカで最初のインターネットを介したECが誕生したといわれています。日本でもテレビ・ショッピング，テレフォン・ショッピングと呼ばれる買い物形態は以前から普及していました。日本でインターネットを介した商取引が本格化したのは2000年頃からです。日本を代表する楽天市場がサービスを開始したのは1997年とされていますが，2000年にはユニクロや無印良品などの量販店やメーカーのECもはじまり，アメリカのAmazonがオンライン書店として日本語サイトを開設するなどEC元年ともいえる年となりました。

最も一般的なECの流れは，消費者がインターネットでECサイトにアクセスして商品をみつけ，クレジット・カードで決済をすると，数日内に宅配便で自宅に商品が届くというものです。探索・売買・決済・配送手配といっ

81

た複数の相手との取り引きを1カ所で迅速におこなうことができます。

　ECには，企業間（Business to Business: BtoB, B2B），企業と消費者間（Business to Consumer: BtoC, B2C），消費者間（Consumer to Consumer: CtoC, C2C）があります。BtoBでは中国系のアリババが有名です。サイトには世界中の企業が出展しており，消費財から工業用の部品や機械など，あらゆる商材の国際取引が可能です。BtoCの例としては，Amazonや楽天市場，Yahoo!ショッピングなど私たち消費者がよく利用するネット・ショッピングが挙げられます。そして，CtoCにはヤフオクやメルカリ，ジモティーといったフリーマーケット・サイトなど消費者同士を直接マッチングするサイトがあります。

　このようなECが急成長した背景にはインターネットの普及があります。昔は自宅のパソコンでインターネットにアクセスしていました。2000年代後半になるとスマートフォンが登場し，インターネット・サービスを気軽に持ち歩けるようになったのです。これにより，思い付いた時，必要な時にネット・ショッピングができるようになりました。そして，ECサービスは，ショッピング・モールを運営する**プラット・フォーマー**，クレジット・カード会社などの**決済**事業者，そして荷物を運ぶ**物流**会社の3つがインフラストラクチャーとして整備されていることが条件となります。

（1）プラット・フォーマー

　ショッピング・サイトの運営会社を**プラット・フォーマー**と呼びます。日本ではAmazonや楽天市場などがプラット・フォーマーとして有名です。欲しい商品をみつけるために各メーカーのサイト1つ1つにアクセスして買いたい商品を探すよりも，プラット・フォーマーのサイトにアクセスし，複数のメーカーの商品を一斉に比較し，どの販売店で買うのが一番安価かといった情報を瞬時に確認できた方が効率的です。

　ショッピング・モールには**直営店**と**マーケット・プレイス**があります。前者はプラット・フォーマーが販売している商品で，後者は**出品者**が販売する商

品です。Amazonの書籍販売を例にみると，新刊本や売れ筋の本は直営で購入できます。一方，古い本や希少な本は直営に在庫はなく，マーケット・プレイスの出品者のなかからみつけることができるかもしれません。直営で購入した方が送料が安かったり，商品が早く届くといったメリットがあります。出品者は出品料をAmazonに支払って出品しています。出品者のビジネス規模も大小さまざまで，遠隔地から個人事業主が出品するケースも多くみられます。

（2）決済

ECの決済手段には，クレジット・カード，銀行振り込み，コンビニ払いなどが先進国では普及しています。また，銀行口座の保有率が低い国やクレジット・カードが普及していない国や地域では，プラット・フォーマーが運営する第三者保証決済アカウントが広く利用されています。これはいわゆる，○○Payと呼ばれるもので，コンビニやネット・バンク，銀行ATMなどから現金をチャージすることもでき，サイト内で販売した売り上げやポイントを保管しておくこともできます。

また，決済方法は各種ありますが，図表8-1が示すとおりECでは事実上の代引きが原則となります。図表ではコンビニ払いですが，ポイントは消費者の支払いをプラット・フォーマーが出品者に保証することです。クレジット・カードでも電子マネーでも同様です。

図表8-1　ECにおける代引きの流れ

消費者	プラット・フォーマー	出品者
ECサイトで商品をコンビニ払いで購入	消費者に支払い番号をメールで通知	発送準備
コンビニで代金支払い。	支払い確認，商品発送指示	商品を発送
商品の受け取り完了を通知	受け取り確認後，出品者に代金支払い。	商品の代金を受け取る。

（資料）各種資料より筆者作成。

（3）物流

　クロネコ・ヤマトの宅急便などが有名ですが，日本は小口配送の先進国といえます。荷物を受け取る時間帯を２時間単位で指定できるなどきめの細かなサービスは，世界中探しても他に例がないと思います。高速道路や鉄道を利用して都市間を輸送し，都市のなかには小口配送のネットワークが張り巡らされています。**ラスト・ワン・マイル**と呼ばれる，町内の配送も自転車や軽トラックを活用して，適時性に優れた物流サービスを実現しているのです。

　物流サービスは時間の観点だけではありません。荷物の取り扱いの丁寧さや**三温度帯輸送（コールド・チェーン）**も優れています。温度帯はさまざまですが一般的には冷凍，冷蔵，室温の三温度帯の厳正な管理をしています。生産者の工場，倉庫，全ての輸送手段において同じ温度で輸送され保管されています。こうした物流サービスのきめ細かさは日本のお家芸といっても過言ではないでしょう。

（4）ECのメリット

　プラット・フォーマーのモールを利用するマーケット・プレイスの出品者と消費者のそれぞれのメリットにはどのようなものがあるでしょうか。先ず出品者のメリットは，①実店舗運営経費の削減，②遠隔地からの出品が可能，③代金回収のリスク・ヘッジなどがあります。特に実店舗運営では24時間年中無休の営業は相当なコストがかかります。交通の便がよい立地に一定の広さのお店を構えると賃料も高額です。古本販売業であれば，山間部の寒村の一軒家を格安で借りて，事務所・倉庫・住居として運営する出品者も多いようです。郵便局やコンビニから全国に配送できますので，実店舗経営をしない事業者もECに参入できます。こうした出店コストの低減が出品者にとって大きなメリットとなります。

　次に消費者のメリットは，①実店舗で買うより安価，②商品の販売価格・品質・性能などの情報が短時間，低コストで収集可能なこと，③24時間，場

所を選ばずに買い物ができること，などがあります。実店舗の場合，消費者は交通費や移動時間といったコストをかけて街の各店舗を回り，商品情報を収集します。こうしたウィンドウ・ショッピングこそが買い物の醍醐味だから好きだという人もいるかもしれません。書籍も本屋さんで実際に手に取って頁をめくってみてから買いたい人もいるでしょう。

一方，電池や電球といった消耗品や型番も商品も決まっている浄水器のフィルターなど，いちいちお店を回って安価な店を探して買うということは交通費と時間の浪費になります。何かのついでにお店でみかけたので買うということもあるかもしれませんが，「この価格は高いかもしれない」「ネットの方が安いかもしれない」と考えるようになります。

ネット・ショッピングは商品の探索の場所や時間を選びません。探索コストを最小化でき，重たくて大きな荷物を買って持ち帰る面倒もなく，宅配で自宅に届けてもらうことができるのです。

2 越境EC

国境を越えたECを**越境EC（Cross Border EC）**と呼び，近年その利用が増加傾向にあります。いうなればECを活用した貿易取引ですので，取引相手を探すコストや決済リスクを最小化でき，煩雑な輸出入手続きが軽減できることなどから有効な貿易取引手段となります。

日本からみて輸出先として有望な市場は中国やアメリカです。Shopee，Amazon，eBay，天猫国際（TMall Global）など，海外サイトに出品して，海外市場の商機を獲得できることが大きな魅力です。中小企業や個人事業主がアメリカや中国に実店舗を展開することは難しいので，ECを利用することによって市場開拓が可能となります。

越境ECの課題としては，日本のような物流品質がよい国ばかりではないので，配送段階でのトラブルが想定されます。また，消費者が関税負担を嫌

がり商品の受け取りを拒否するようなトラブルも頻発しているようです。

3 数字でみるEC

　ここではECに関する統計データをいくつか集めてみました。図表8-2では全国百貨店売上高とEC市場の売上高の比較をしていますが，現在，ECの売上高は百貨店売上高の3倍にも達しています。実店舗で商品を物色し，買う時はネット・ショップでという人も多いのではないでしょうか。

　図表8-3はECの市場規模の比較です。人口規模が大きい中国やアメリカの市場規模が大きいことが分かります。伸び率も各市場10％台と高成長をつづけています。ここで考えたいのは，中国とアメリカの市場規模が大きい理由です。人口規模だけでなく国土面積も影響していると考えられます。つまり，欲しい商品はインターネットの普及により全国くまなく需要が喚起されるのに，購入できる店舗は実店舗しかない場合，米中両国の国土は広大な面積ですので，場合によって数百キロメートル，数千キロメートルを移動しないとその商品が手に入らないということになります。このためECの普及が早いと分析する専門家もいるのです。確かに，日本の物流品質がよいのも，国土面積が狭く，コンパクトにまとまっているからかもしれません。

　最後に図表8-4で物販型ECの商品別市場規模についてみてみましょう。EC化率とは当該商品を実店舗ではなくECで買った金額の割合です。2019年で最も高いのが41.8％の事務用品・文房具で，最も低いのは食品・飲料・酒類と自動車・自動二輪車・パーツ等の2.9％でした。事務用品は会社などの需要が大きくEC化率を引き上げている可能性があります。食品や飲料の実店舗での購入比率が高いのは，試飲試食をしてから買いたいという消費者が多いからかもしれません。他に化粧品・医薬品もEC化率は低いですが，これも手に取って実物を確認し，可能なら試してから買いたいという消費者心理があるからと考えられます。医薬品は日本では対面販売の義務化など規

制の多い商品ですのでECでは限界があるのかもしれません。いずれにせよ，**情報の非対称性**といって，商品の品質や価格に関する情報量が売主と買主との間に偏在している場合，消費者がすんなりと購入するにはハードルが高く，消費者は商品を触ったり，試したりすることによって品質を確認して情報ギャップを埋めようとします。この点から**情報の対称性がある**商品はECでの取り扱いに向いていて，情報の非対称性がある商品は実店舗が向いているといえるでしょう。

図表8-2　日本のEC市場規模と全国百貨店売上額の推移

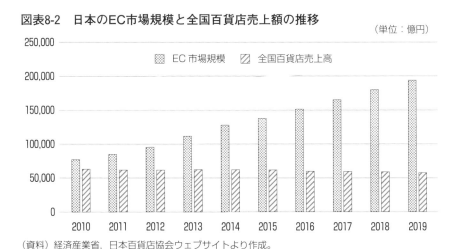

（単位：億円）

（資料）経済産業省，日本百貨店協会ウェブサイトより作成。

図表8-3　2019年の日米中における越境ECの市場規模比較

国	越境EC購入額	前年比伸び率
日本	3,175億円	14.8%
アメリカ	1兆5,570億円	11.8%
中国	3兆6,652億円	12.3%

（資料）経済産業省資料より作成。

図表8-4　国内における物販型ECの分野別市場規模の比較

（単位：億円，％）

	2018年		2019年	
	市場規模	EC化率	市場規模	EC化率
合計	92,992	6.2	100,515	6.8
食品，飲料，酒類	16,919	2.6	18,233	2.9
生活家電，AV機器，PC・周辺機器等	16,467	32.3	18,239	32.8
書籍，映像・音楽ソフト	12,070	30.8	13,015	34.2
化粧品，医薬品	6,136	5.8	6,611	6.0
生活雑貨，家具，インテリア	16,083	22.5	17,428	23.3
衣類・服装雑貨等	17,728	13.0	19,100	13.9
自動車，自動二輪車，パーツ等	2,348	2.8	2,396	2.9
事務用品，文房具	2,203	40.8	2,264	41.8
その他	3,038	0.9	3,228	0.9

（資料）経済産業省資料より作成。

章末テスト

〔設問37〕ECのメリットのなかでも出品者にとってはデメリットともなるものはどれか。次のなかから1つ選びなさい。

①遠隔地からの出品が可能である。

②誰もが簡単に最安値の商品を探すことができる。

③実店舗経営にかかる費用が不要である。

④24時間営業が可能である。

〔設問38〕2020年以降の新型コロナウィルス感染症の流行によって，消費者の生活様式が変容しECの明暗も大きく分かれた。コロナ禍をとおして明らかにマイナスの影響を受けたECの業態を次のなかから1つ選びなさい。

①フード・デリバリー・サービス

②ホテル予約サービス

③フリー・マーケットのマッチングサービス

④中古書籍の売買サービス

⑤ネット通販サービス

〔設問39〕ECの三大インフラのうち，日本が誇る物流サービスについての記述として，正しいものを次のなかから1つ選びなさい。

①定時性は苦手なので迅速性に重きを置いている。

②コールド・チェーンには対応するが，三温度帯輸送は対応しない。

③宅配に関わる運転手は人気職種で求人数よりも求職数が多い。

④ラスト・ワン・マイルでは人力のリアカーが使われるケースもある。

〔設問40〕物販型ECの商品別EC化率の図表をみて，EC化率の特徴についての記述として，誤っているものを次のなかから1つ選びなさい。

①医薬品などの規制がある商品はEC化率が低い。

②情報の対称性がある商品はEC化率が低い。

③食品，化粧品など試してから買いたいものはEC化率が低い。

④事務用品や文具では法人需要がEC化率を押し上げている可能性がある。

〔設問41〕中国，アメリカ，日本のEC市場規模の比較についての記述として，誤っ
　　　　ているものを次のなかから1つ選びなさい。なお，選択肢内の数値につ
　　　　いての誤りはない。

①日本の人口は中国の約11分の1で，EC市場規模も約11分の1である。

②アメリカの人口は日本の約2.6倍で，EC市場規模は約4.9倍と人口比だけでは説
　明ができない。

③アメリカは国土面積が広く，大都市まで買い物にいけない人口が多いことも
　EC発達の原動力になっている。

④日本はキャッシュレスの導入が遅れているのでEC市場の伸びは3国のなかで
　一番低い。

閑話休題② カンボジアの宅配サービスの萌芽

20年ぶりのコッコン

　以前，私は日本の政府機関に勤務していました。2012年の初頭，私は任地の広州からカンボジア出張にいき，日本企業にとってのカンボジアの投資環境調査をしました。このコラムはその出張滞在中のカンボジアでの話です。

　私はプノンペンで土日を迎えたので，宿舎や付近を散策してのんびり過ごすよりは，日帰りでコッコンという町にいくことにしたのです。コッコンはプノンペンから西方へ270キロメートルに位置するタイと国境を接する海沿いの町です。私はカンボジア和平のためのパリ協定が1991年に締結される直前，コッコンを

カンボジア南西端の町コッコンのタイとの国境地域（2012年９月）

訪れたことがありました。当時，私は大学生でしたので怖いもの知らずで，無鉄砲な若者でした。ポル・ポト派などの敗走兵やゲリラが潜伏し，地雷原も広がるコッコンに功名心からタイ側から陸路，徒歩で入国したのでした。当時のコッコンは密輸の町として有名で，怪しげな外国の小型船が入港し，町といっても川沿いに張り出した質素な店舗が並ぶ貧しい集落という印象でした。

　さて，プノンペンで投宿していた安宿のスタッフにお願いしてタクシーを手

国道の沿道で蓮の実を買うラタナさん（2012年９月）

配すると，ラタナさんという50代前半の男性運転手が10年落ちのトヨタ・カムリに乗ってやってきました。朝の10時から１日中借りて，往復550キロメートルにもなるのに，ガス代と運転手代込みで300米ドル（３万円）程度だったと思います。早速出発してプノンペンから国道４号線を１時間ほど走った辺りでラタナさんは車を停めました。

沿道でおばさんが茎付きの生の蓮の実を売っていたのです。ラタナさんは籠に山盛りの蓮の実を30本ほど買って，車のトランクにしまい込みました。私が「これ好きなの？　こんなに食べるの？　帰り道に買う方がいいのでは？」と矢継ぎ早に聞くと，ラタナさんは「へへ」と照れ笑いをして運転を再開するのです。ラタナさんは英語はほとんど理解していないのです。

左右に迫るジャングルを抜けて走る国道
（2012年9月）

　4時間ほどしてコッコンの町に着き，大きな十字路で停車しました。コッコンの町がこんなに大きくなっていたとは思いませんでした。1991年にはじめて訪問した頃のコッコンは湿地帯の寒村で，戦乱期でしたので経済活動もほとんどおこなわれていなかったのです。戦後，入植した人たちが今の町を築いたのでしょうか。ラタナさんは携帯電話を取り出し，誰かに電話をかけました。ほどなくしてバイクに乗ったおばさんが満面の笑みを浮かべて私たちの方に近付いてきました。車から降りたラタナさんは，後部のトランクを開け，大量の蓮の実を取り出し，おばさんに渡しました。「なんだ，親戚のおばさんへのお土産だったのか」と思ったのですが，おばさんはいくらかの代金をラタナさんに払っていました。「えっ？　親戚？　いや友達？」とラタナさんに聞くと「ノー」というのです。状況がよく分からなかったのですが，特段気に留めず旅をつづけました。

　コッコンの街中の食堂で食事をして，帰途に着く前にガソリン・スタンドに寄りました。ガソリン・スタンドの兄さんたちが50センチメートル四方の発泡スチロールの箱を2つトランクに入れました。そして，さらにラップでぐるぐる巻きにしたキャノンの中古プリンターと中古ノート・パソコンをカムリの助手席に積み

コッコンの目抜き通り（2012年9月）

込んでくるのでした。私はこれもまたラタナさんが奥さんや息子への土産として買ったものかと，むしろ微笑ましく思ったのでした。でも，それにしてはいつの間に買ったのだろうか。手際がよいなと感心したのでした。

国道を横切る牛の群れ（2012年9月）

　帰路，2時間くらい走ったところでガソリン・スタンドに入りました。プノンペンまでの道程の半分くらいの場所です。私は「また給油？」と思ったのですが，ガソリンを入れる気配はありません。ラタナさんは車を降り，トランクを開け，さっきの発泡スチロールの箱を1つ取り出し，スタンドで待っていた気のよさそうな若者に渡しました。若者はその場で箱を開けて中身を確認していました。氷詰めされたエビ，イカ，蟹がたくさん詰め込まれていました。

　代金を受け取ったラタナさんに念のため「友達？」と聞くと「ノー」ということでした。この頃になると私はようやく事情を呑み込めてきました。車は再び走り出し，プノンペンまで後1時間というところで再び沿道に停車しました。今度はバイクにまたがった子供連れの夫婦がニコニコして沿道で待っていました。もう1つの発泡スチロールの箱（中身は氷詰めされた魚でした）を渡し，ラタナさんは代金を受け取りました。そして，やはり友達ではないというのです。

　そしてプノンペンまで後30分くらいの国道沿いの電気店の前でまたもや停車しました。ノート・パソコンとプリンターを電気店の店主に引き渡し，代金を受け取ってポケットにしまいながら車に戻ってきました。当然友達ではないだろうから私はもう聞きませんでした。

小口配送のはじまり

　物流が未発達の開発途上国では，個人と個人を結ぶ，きめの細かい宅配サービスは整備されていません。郵便物も届くか微妙なのに冷蔵品や冷凍品，精密機械が安全に届く保証はありません。小口配送がないから，通販やお取り寄せ消費もまだないのです。

コッコンはマングローブ林が自然保護の対象となるような地域で，きっと汽水地域ですので蓮は生育しません。だから昔懐かしい蓮の実を食べたがるお客さんがラタナさんに買ってくるよう頼んだのです。この場合の取りまとめ人（未来のプラット・フォーマー!?）はきっと他にいるのかもしれません。一方で海から車で2～3時間も離れた内陸部の町では，

コッコンの河口部の集落（2012年9月）

市場にいっても新鮮な海産物は売っていません。コッコンは海産物が安くて豊富だから，それこそクール宅急便のような配送の需要があるのです。そして，タイと隣接することからタイの比較的良質なOA中古品も密輸され手に入りやすいのです。そういう意味では相変わらずコッコンは密輸の町なのかもしれません。

　カンボジアは経済成長著しく，人々の暮らしも向上しつつあります。購買力はあっても都市部にあるような近代的小売店は農村部や郊外都市にはまだありません。それでも今の時代はインターネットがあるのでどんな場所にいても都市部の流行や商品情報は豊富に入手できるのです。プノンペンまで買いにいくのは難儀だから，取り寄せたいというのが心情でしょう。

　情報化社会の進展で，予想を超えた商品購買需要が遠隔地にも生じています。本来であれば宅配網は経済成長と歩調を合わせて整備されていくものですが，情報化社会ではインフラよりも先に需要が喚起されるのです。カンボジアで主要都市間の小口配送が整備されるのはもっと先のことになりそうです。しばらくラタナさんのような小遣い稼ぎはつづくに違いないのです。

　もっともラタナさんは悪気なくやっていましたが，今回の輸送費は結局のところ，乗客である私が全額負担しているのかと考えると，やや理不尽なビジネス・モデルだと感じざるを得ませんでした。

第9章

原産地規則

　国境を越えた物品取引である貿易では，物品の国籍を認定する必要があります。その理由として先ず，関税を課す際に物品の国籍が判別できなければ，原産地に応じた関税優遇などの税制が適用できないからです。また，輸出入統計では輸入は原産地，輸出は仕向け地という原則で集計されています。大規模な港を経由して東京港まで運ばれてくる貨物は，船がどこから来たかではなく，貨物の国籍はどこか（貨物はどこで生産されたものか）ということで輸入統計が作られます。このためにも貨物の国籍の認定が必要です。

　例えば，メキシコの農場で栽培され収穫された生鮮マンゴー100万円分を，台湾の高雄経由で神戸港に輸入したとします。これは日本の輸入統計ではメキシコからマンゴーを100万円輸入したと計算されます。マンゴーの原産地はメキシコだからです。農産品は収穫地が産地となります。一方，バングラデシュで縫製された綿のシャツがシンガポール経由で横浜港に輸入された場合，このシャツはバングラデシュ製といってよいでしょうか。ボタンや生地，糸は中国製で，それをバングラデシュで裁断して縫っただけだからです。最終加工地はバングラデシュですが素材は全て中国製ですので，この場合の原産地をどのように認定するのかは，個々のFTA協定によって定められています。このため，優遇税率を適用しようとする輸入者は物品の輸入に際して税関から**原産地証明書**の提出を求められます。

　本章で原産地証明の仕組みを詳しくみていきましょう。

1 原産地規則の必要性

　現在，世界で標準化された**原産地規則**は存在しません。このため各国が恣意的に原産地規則を運用すると貿易関係者に大きな混乱をもたらすだけでなく，輸入制限政策（**非関税障壁**）として悪用されてしまうかもしれません。このため，原産地規則に関して各国政府には厳正な運用が求められます。原産地規則には，**非特恵原産地規則**と**特恵原産地規則**があります。

　非特恵原産地規則の目的は，①WTO加盟国に適用される最恵国税率を適用するため，②原産地別の貿易統計を作成するため，③輸出国を特定した輸入制限措置や通商政策実施のため，④原産地表示が義務付けられている場合の原産地確認のため，などです。

　次に，特恵原産地規則は，輸入品に特恵関税を適用するためのもので，**GSP原産地規則**と**FTA（EPA）原産地規則**があります。前者は開発途上国からの輸入品を優遇するための関税措置で，後者は二国間や多国間でのFTAや日本が推進するEPAによる優遇税率を適用するためのものです。特にFTAについては，非対象国の物品であっても，対象国の国籍を名乗った物品が輸入されたり，FTA対象国に一度輸入して製品ラベルを貼り換えてから輸出するといった不公正な迂回輸出など，優遇税率のただ乗りを防止するためにも原産地を認定する必要があるのです。

2 原産地認定の種類

　世界共通の原産地規則はなく，かつさまざまな二国間，多国間協定によって原産地規則が多様化し，複雑化しています。国家間が締結した二国間FTAには優遇税率が定められていますが，その優遇を受けるためには，輸入者はその物品がFTA対象国で生産されたものであることを証明しなけれ

ばなりません。輸入企業がFTAを利用するためには原産地証明書が必要で，かつその原産地証明書取得にどのような要件が必要かといったことは協定毎に異なります。すると，中小企業など貿易実務に携わる人材が足りない企業では，せっかく有利な税率が適用できる商品かつ原産地であるにもかかわらず，その協定税率を使えないというケースも少なくありません。原産地証明を取得するのは輸出者ですので，輸入者が協定適用のための原産地証明の取得を輸出者にお願いしなければならないのです。少額貨物のために面倒な書類手続きをしたがらない輸出者も多いため，中小企業の少額・小ロットの輸入などでは有利な協定があっても原産地証明書の取得ができないといったことが起こります。協定毎にさまざまな原産地規則が存在する状況を**スパゲッティ・ボウル現象**と呼びます。茹で上がったスパゲッティをボウルに入れておくと，複雑に絡まってほどけなくなることに由来します。

　原産地の認定基準は，世界共通ではないものの，WTO原産地規則に関する協定に基づき，物品が**完全に生産された国**もしくは**最後の実質的な変更がおこなわれた国**の2つを認定基準とする考え方が多くの国で採用されています。

　完全生産品基準（**Wholly Obtained Goods Rule**）は，1つの国において完全に生産されていることを条件としています。主に農産品や鉱業品に適用され，冒頭に例示したメキシコ産マンゴーなどがこれに該当します。次に**実質的変更基準**（**Substantial Transformation Rule**）は物品の生産に2カ国以上が関与している場合，当該物品に最後に実質的な変更を加えた国を原産地とする基準です。本章冒頭で述べたバングラデシュでのシャツ生産のケースです。この基準にはさらに次の3つの基準があります。

（1）関税番号変更基準

　関税分類番号（HSコード）の変更を実質的変更とみなす基準です。具体的には2桁，4桁，6桁の番号変更をもって実質的な変更を施したとみなします。例えば，4桁の変更を基準とした協定であれば，鉄パイプ（HS7303）を輸入して，農業機械の部品（HS8432）に加工して輸出した場合，HSコード

の4桁が変更されているので，この加工地をこの部品の原産地とみなすという考え方です。

（2）付加価値基準

物品の購入，加工，生産，組立などの工程に応じて付加された価値を換算して，一定の割合（例えば4割）を超える付加価値を当該品に加えた場合，その国を原産地とする考え方です。ベトナムで生産する自動車部品について，原価に占める価値のうち，部品や材料の多くを輸入に依存するため6割が中国，2割がインドネシアで残りの2割がベトナムだとすると，付加価値基準が4割以上なので中国が原産地とみなされます。

（3）加工工程基準

特定の生産・加工工程が実施された場合，その加工の実施国を原産地とする考え方です。例えば，衣類などの繊維製品の場合，糸を紡ぐ工程，糸から織物を作る工程，裁断して縫製する工程の3工程があります。いくつの工程をおこなえばよいかということは，それぞれの協定によって定められています。

3 原産地証明書

原産地証明書（**Certificate of Origin**）は，輸入者が輸入国の税関に対して**協定関税**（優遇された関税）を適用してもらうためにも必要な書類です。このほか，原産地証明書が必要なケースは，輸入国の法律の定めによるもの，船積書類として必要なケース，ワシントン条約などの定めにより品目によって必要なケースなどがあります。輸入者は自分たちが必要とする原産地証明書の様式を，利用する協定（WTO，二国間FTAなど）に応じて輸出者に依頼して輸出国側で発行してもらう必要があります。原産地証明書は一般的には輸出国の**商工会議所**が発行します。

章末テスト

〔設問42〕原産地証明についての記述として，<u>誤っているもの</u>を次のなかから1つ選びなさい。

①原産地証明書は一般的には各国の商工会議所が発行する。

②原産地証明書は協定関税を適用する場合に必要となる。

③原産地証明書は輸出者の要請によって輸入者が輸入国で発行する。

④一次産品は一般的に完全生産品基準で生産地・産出地を原産地とする。

〔設問43〕原産地証明についての記述として，<u>誤っているもの</u>を次のなかから1つ選びなさい。

①実質的変更基準は国際分業が進んだ工業製品の原産地を考える際に必要な概念である。

②輸入者はどのFTA協定においても，関税番号変更基準，付加価値基準，加工工程基準のいずれかを選ぶことができる。

③原産地証明がなければ，輸入品が元々どこの国で作られたものかが分からない。

④国・地域別輸入の貿易統計では貨物の原産地が輸入先国・地域である。

第10章

輸送

　貿易取引に占めるコストを考えるとき，当然のことながら商品の価格を最初に思い浮かべるでしょう。商品の価格以外の**間接経費**は，輸送費，関税，保険などですが，一般的に間接経費のなかで最も大きな経費となるものが輸送費です。企業にとって貿易コストを最小化するために，輸送の手段，輸送の時期，頻度，梱包の程度，輸送のルートなどさまざまな要素を考えて効率化することが重要となります。本章では輸送についてみていきます。

1 貿易と運送

　海上運賃は市況によって大きく変動します。1990年代以降，冷戦の終結で世界市場は大きく広がりました。中国やロシアなどが世界貿易に加わり，かつ国際分業が進展したことによって貿易量が増大していきました。海上輸送費は船会社間の競争が激しくなり，全体として徐々に下がっていきました。

　図表10-1は，40フィート・コンテナを当該都市の至近の港から輸出し，日本の横浜港まで持っていく場合の輸送費の比較です。海上運賃は市況，つまり需要と供給によって価格が変動します。このため，貨物輸送の需要の大きい都市や海上交通の要所に位置する港などは，必ず定期船航路に組み込まれていますので，輸送費は割安となります。一方，需要が少ない都市では輸送費は高くなります。先ず都市近郊の港湾から中小型の船，あるいはもっと小型の艀で大型港湾まで運んで，大型コンテナ船に積み替える（トラン・シップ）

図表10-1　海上輸送費のコスト一覧

（単位：米ドル）

都市	コスト
ドバイ	550
大連	588
上海	680
シドニー	800
バンコク	1,755
パリ	2,354
サンパウロ	2,550
ビエンチャン	2,770
モスクワ	2,880
ウランバートル	3,500

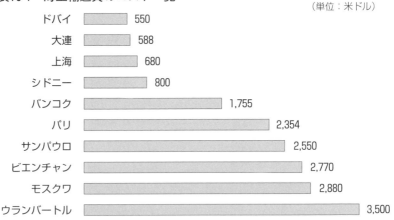

（注）各都市発，最寄りの港湾施設から横浜港着までの40フィート・コンテナ1本の輸送費。
（資料）JETROウェブサイトより作成。

分，費用が高くなります。さらに，当然のことながら陸送も海上輸送も運賃は距離に比例しますので，横浜まで遠い都市はコスト増となります。

　では，図表中のウランバートルとビエンチャンはどうでしょうか。モンゴルとラオスですので，いずれもアジアの都市ですから比較的日本に近いところに位置します。しかしながら，海の港湾を持たない内陸国であることから，至近の海の港湾施設までが国際陸送となるので輸送費は高額となります。また，開発途上国では輸送業が国営企業や財閥企業で，独占・寡占の状態にある国もあります。さらには，小国なので貨物量が少なく規模の経済性が発揮できないため輸送費が割高となることもあるでしょう。

　国際輸送費は，海運の輸送費を基準とすると，陸上輸送（トラックや列車）は1.5倍，航空輸送が3〜4倍というのが大雑把な目安です。普段は海運を利用していても，突発的に急ぎの貨物輸送が必要となり，航空貨物を利用するケースもあります。あるいは，ウナギの稚魚や生鮮果物，半導体やスマートフォンといった精密機械は航空貨物で運ばれることが多いです。小型・軽量・高価な物品や鮮度保持が必要な物品は航空輸送が適しているのです。

海上輸送は**定期船（Liner Vessel）**によるものと，**不定期船（Tramper）**によるものがあります。また，それぞれに**在来船（Conventional Vessel）**と**コンテナ船（Container Ship）**があります。運賃は**定期船運賃**と**不定期船運賃**があり，公開されている運賃と企業が船会社と契約して取り決める**自由契約運賃**があります。

定期船運送サービスは主に小口の工業製品の輸送に用いられるサービスで，運送スケジュールと**運賃（Tariff）**が公表されています。私たちが普段乗る電車や路線バスをイメージすると分かりやすいでしょう。この場合，運送人と船会社との間に値段や時期についての交渉はありません。定期船は**公衆運送（Common Carriage）**であり，公共性の高いものです。このため運送条件は国際条約で規制されています。

また，不定期船運送サービスは大型専用船（原油，穀物，砂糖，ナフサ，鉄鉱石，鋼材，化学品，自動車など）の運行で用いられ，主に大企業の大規模輸送に使われます。不定期船は**私運送（Private Carriage）**ですので，運送条件は当事者間の自由な交渉によって決められています。

2 コンテナ輸送

1960年代に国際輸送で使われはじめた鉄製の箱であるコンテナは，貨物のユニット化を実現でき，トラック・列車・船などの異種輸送手段による**複合輸送（Multimodal Transport）**を可能にしました。港や倉庫での貨物の積み替え作業の労力や時間を短縮でき，物流革命と呼ばれました。

コンテナのメリットは，①荷揚げ荷下ろしの効率化で時間とコストを低減できる，②雨天でも貨物に影響ないので作業ができる，③堅牢な箱なので貨物の破損・盗難を減らせる，④ドア・トゥ・ドアの輸送が可能になる，などが挙げられます。

（1）コンテナの種類

　コンテナは鉄の6面体で，全高8.6フィート（2.591メートル），全幅8フィート（2.438メートル），全長40フィート（12.192メートル）の箱です。床面積は約28平方メートルですので畳に換算すると約17畳の広さとなります。全長にちなんで**40フィート・コンテナ**と呼ばれ，全高が約30センチメートル高い40フィート・ハイキューブ・コンテナもあります。40フィート・コンテナは自重を含め約30トンの重量で，これを10個積み重ねると300トンにもなります。この荷重に耐える頑丈な箱であることが分かります。

　全長が半分の長さの**20フィート・コンテナ**も頻用されます。このほかにも**リーファー・コンテナ**と呼ばれる冷凍・冷蔵・加温機能のあるコンテナや液体や気体を入れるための**タンク・コンテナ**などがあります。

写真10-1　ベトナムの中部都市ダナンのICDに置かれたコンテナ（2018年9月）

写真10-2　中国＝ベトナム国境のベトナム側（ランソン省）のトラック・センターでコンテナを吊り上げ，別のトラクター・ヘッドとシャーシに積み替える作業（2008年12月）

（2）港湾施設

　コンテナの登場により海上輸送は劇的に効率化しました。荷役の標準化によって，時間や労力の節約が可能となりました。では，こうしたコンテナを取り扱う港湾施設はどのような構造になっているのでしょうか。私たちは保税地域として指定され，管理されている港湾施設にはなかなか入る機会があ

写真10-3　マーシャリング・ヤードからみたガントリー・クレーンとコンテナ船（2018年9月，ベトナム）

写真10-4　空からみた東京港（2015年）

りません。

　写真10-3はベトナム北部のハイフォンという港町にあるコンテナ船専用埠頭（港湾施設）の写真です。河川港のため大型**コンテナ船**は入港できませんので，こうした中小型コンテナ船で香港・シンガポール・台湾高雄の大型港湾まで輸送し，そこで大型コンテナ船に積み替える**トラン・シップ**がおこなわれます。写真10-4は東京港を上空からみた写真ですが，キリンのような形をした**ガントリー・クレーン**が立ち並び，**マーシャリング・ヤード**が広がっています。そして港湾施設の周辺に倉庫がたくさん立地していることが分かります。

　図表10-2は港湾施設の用語です。聞き慣れないものばかりですが代表的なものを記載しました。港湾施設は外洋からやってくる船舶から荷物を下ろしたり，積み込んだりする専用施設です。通関手続きを終えていない輸入貨物と通関手続きを終えた輸出貨物が混在する施設ですので，厳密な管理が必要となります。図表10-3は一般的な港湾施設の平面図です。輸出のための40フィート・コンテナを置いておくエリア（＝蔵置場），輸入された20フィートと40フィート・コンテナの蔵置場，そしてリーファー・コンテナなど冷凍・冷蔵コンテナの蔵置場などがあります。港湾施設は埠頭に設置された広大な敷地を有し，効率よくコンテナを裁く必要があるため，コンテナを載せた大型トレーラーがコンテナ・ヤード（Container Yard: CY）内を走り回っています。本船が到着する1週間も前から輸出コンテナを置いておくことはできません。

また，輸入されたコンテナは**海貨業者**によって速やかに移動され，通関して内貨にしなければなりません。また，なによりもコンテナは船会社の所有物ですから，空のコンテナも速やかに船会社に返却する必要があります。

図表10-2　港湾施設の用語

和文	英文	用途・説明
コンテナ・ヤード	Container Yard: CY	保税地域として区分けされ，岸壁後背地に設置された海上**コンテナ**を蔵置する施設
マーシャリング・ヤード	Marshalling Yard	船積み前のコンテナを荷役の順序に並べ，荷揚げされたコンテナを受け入れる場所。CYの大部分の面積を占める。
ガントリー・クレーン	Gantry Crane	コンテナを本船に積む大型クレーン
エプロン	Apron	ガントリー・クレーンが設置されている場所

（資料）各種資料より筆者作成。

図表10-3　一般的な港湾施設の平面図

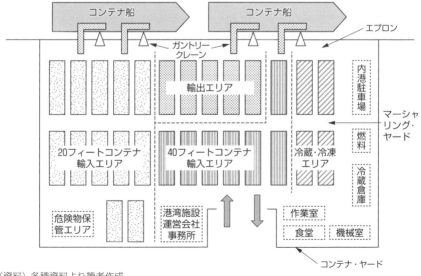

（資料）各種資料より筆者作成。

（3）コンテナ輸送の流れ

　コンテナに貨物を積み込むことを**バンニング（Vanning）**，コンテナから貨物を取り出すことを**デバンニング（Devanning）**といいます。また，コンテナは船会社の所有物で，輸出者と輸入者は貿易取引においてこのコンテナを一時的に借りているという立場です。船会社は船が到着する前に輸出者（海貨業者）に空のコンテナを貸し出します。輸出者の貨物を誰がバンニングするのかによって港湾施設（CY）と **CFS（Container Freight Station）倉庫**のどちらに持ち込むかが変わります。また，搬入場所だけでなく，いつまでに貨物を搬入する必要があるかについても船会社が指定します。この貨物搬入締切日を**カット日（Cut Date）**と呼び，書類も同日までに揃える必要があります。コンテナへのバンニング済み貨物はCYに持ち込み，カット日は本船入港日の前日となります。一方，混載貨物としてバンニングされる貨物は，本船入港日の前々日にCFS倉庫に搬入される必要があります。コンテナ輸送の種類には**FCL（Full Container Load）**と**LCL（Less than Container Load）**があります。FCLではコンテナの中身は1荷主の貨物だけで満たされる大口貨物で，荷主が貨物をバンニングするので**Shipper's Pack**とも呼ばれます。一方の，LCLは複数の荷主の貨物を船会社が1つのコンテナに混載するので，**Carrier's Pack**と呼ばれます。

（4）FCL貨物の流れ

　先ずFCL貨物の流れは，以下のとおりです。また，これを図解したものが図表10-4です。

① 輸出者は船積み手続きを海貨業者（フォワーダー）に依頼して空のコンテナを船会社から借り受け
② コンテナを輸出者の工場や倉庫に持ち込んで貨物をバンニング
③ 船会社が指定する港湾施設（CY）にカット日までに輸送

④ フォワーダーは船会社と連絡を取り，コンテナをCYに搬入したことを確認し，税関で輸出申告手続き，輸出許可を取得
⑤ コンテナが船積みされ，船会社はB/Lを発行し海上輸送
⑥ 輸入地に到着しCYに貨物を下ろして，CYで輸入通関手続き
⑦ コンテナのままフォワーダーが荷主の指定する場所まで運送
⑧ 海貨業者はデバンニングした後，空のコンテナを船会社に返却

図表10-4　FCL貨物の輸出入の流れ

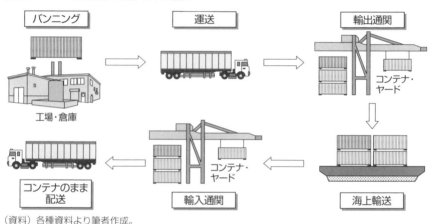

（資料）各種資料より筆者作成。

（5）LCL貨物の流れ

　LCL貨物の流れは次のとおりです。そして，図表10-5はLCL貨物の流れの図解です。

① 輸出者は自社製品を海貨業者（フォワーダー）の倉庫に運送
② 輸出者は**送り状（Invoice）やパッキング・リスト（Packing List）**など船積必要書類を作成し，フォワーダーに通関手続きなど輸出関連業務を依頼
③ フォワーダーは税関に輸出申告の手続きをし輸出許可を取得

④ フォワーダーは貨物をCFSに搬入

⑤ CFSで他の荷主の貨物と合わせてコンテナにバンニング

⑥ コンテナをCYに搬入し，船に積載し，船会社はB/Lを荷主毎に発行し海上輸送

⑦ 輸入地に到着したコンテナはCFSに持ち込まれ，貨物を荷主毎に仕分け

⑧ 輸入者から依頼されたフォワーダーが輸入通関手続きをして輸入許可を取得

⑨ フォワーダーはCFSで貨物を引き取り，荷主の指定場所まで運送

⑩ 近年では海貨業者がラベリング，小分け包装といった流通加工をした上で，輸入者の指定する店舗や倉庫に運ぶケースも増加。例えば，ナッツ類など，大ロットで輸入されたものを500グラム毎に小分け包装し，添加物や原産地などのラベルを貼付してそのまま店頭に陳列できる状態にして荷主の店舗などに直送

図表10-5　LCL貨物の輸出入の流れ

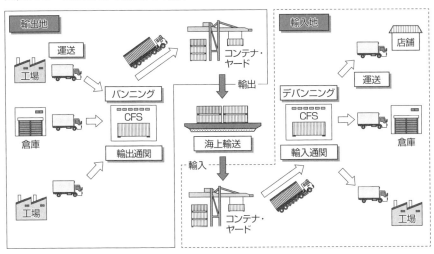

（資料）各種資料より筆者作成。

3 さまざまな荷姿

どのような貨物でも製品や商品をむき出しのまま運ぶことはありません。**荷姿**とは輸送する際の貨物の外観のことで、段ボールや木箱などに梱包されるのが普通です。また、国内輸送であれば比較的簡易な梱包でも大丈夫ですが、国際貨物となるとコンテナに収めるための梱包など、最適な荷姿を選択する必要があります。実際は海貨業者（フォワーダー）が梱包も請け負いますが、大手メーカーとなれば自社製品に合った輸出梱包を自社でおこなうこともあります。

図表10-6　荷姿の種類

種類	内容
密閉箱	全体が密閉されている箱を使った梱包。木材や金属製の板で四方を固め、工作機械や産業機械の収納に用いられる。密閉構造のため防水や盗難防止に効果がある。
すかし箱	木材や金属製の板で、かつ表面に隙間があり網目状になっている梱包箱。材料費が節約でき密閉箱より安価。防水の必要がない機械類の収納に用いられる。
パレット梱包	複数の段ボールをパレット上に積み上げ、荷崩れ防止のため固定し、保護フィルムを巻き付けた梱包。荷造り後も段ボールなどの外観がみえるので中身が判別可能。パレットなのでフォークリフトが利用可能。パレットは木材・樹脂・鉄・アルミ製などがある。
スキッド梱包	木材やスチールで作られた腰下（スキッド）の上に、荷物を固定し、床に触れないようにする梱包。荷物の上積みができないため、全体的な積載率は小さい。デバンニング時は、傷が付きやすいため注意が必要。
バンドル梱包	荷物を束ねて固定する梱包。頑丈で傷つきにくい荷物（鉄材・配管・建築用鋼材など）に適用する。
バリア梱包	荷物の周りを、防水性のあるバリア材で覆う梱包。輸出梱包で輸送中に錆を発生させたくない場合に適している。
緩衝梱包	包装容器内に、振動・衝撃に強い緩衝材を入れ輸送中の衝撃を吸収する梱包。

（資料）各種資料より筆者作成。

梱包の種類について，具体的には図表10-6に記載しましたが，このほか，近年は強化段ボールなど新しい梱包材も使われるようになってきています。

4 保税地域と保税輸送

外国からの輸入貨物を税関の輸入許可が下りていない状態（＝関税未納付の状態）で蔵置することができる場所を**保税地域（Bonded Area）**と呼びます。図表10-7に示したとおり一般的には国際埠頭の港湾施設や国際空港，展示会場などがそれに当たります。保税地域は税関の管理下にあり輸出入貨物は保税地域に入れた後，税関の許可によって搬出入をおこないます。

保税とは関税の徴収を一時留保することです。国際見本市のために海外から展示品を日本に持ってきて，一定期間展示してからまた他の国へと持っていくケースは，まさに展示会場を保税地域としているからできるのです。

図表10-7　日本の保税地域

保税地域名	特徴	具体例
指定保税地域	港湾，空港近くの公共施設で，通関手続き前後のエリア	CY，CFSなど
保税蔵置場	民間企業が許可を受けて外国貨物の積み下ろし，運搬，蔵置をする場所	航空会社の上屋，海貨業者の倉庫
保税工場	民間企業が許可を受けて外国貨物の加工や製造をおこなう場所	造船所，製鉄所の他，中継貿易や加工貿易で利用
保税展示場	許可を受けて国際見本市をおこなう施設	博覧会場，国際展示場
総合保税地域	長期の蔵置・加工・製造・展示など，外国貨物を総合的に扱う機能を持った地域	中部国際空港，愛媛国際物流ターミナルなど

（資料）各種資料より筆者作成。

〔設問44〕海上輸送についての記述として，誤っているものを次のなかから1つ選びなさい。

①定期船によるものと，不定期船によるものがある。

②在来船とコンテナ船がある。

③運賃は定期船運賃と不定期船運賃がある。

④不定期船運賃は全て公開される。

〔設問45〕ラオスのビエンチャンから横浜港までのコンテナ輸送費が相対的に高額となることについての記述として，誤っているものを次のなかから1つ選びなさい。

①ラオスは海港を持たないため隣国の国際港湾までの陸送費用が高額となるため。

②開発途上国であり輸送業務の独占，寡占により適正な競争がないため。

③国際輸送を利用するのは主に外国投資企業で，現地企業はほとんど利用しないため。

④工業が未発達で貿易貨物の需要が相対的に少なく，規模の経済性が発揮できないため。

〔設問46〕コンテナの登場による国際輸送の変化についての記述として，誤っているものを次のなかから1つ選びなさい。

①雨天でも貨物に影響ないので作業できるようになった。

②盗難，破損，汚損などの事故が減った。

③港湾での積み替えは大型クレーンを使うので所要時間が増えた。

④工場から工場，倉庫から倉庫といったドア・トゥ・ドアの輸送が簡単になった。

〔設問47〕LCL貨物についての記述として，正しいものを次のなかから1つ選びなさい。

①1社の荷主でコンテナを満たすことができる貨物である。

②バンニングは荷主がおこなう。

③荷主は船会社が指定するCFSに貨物を持ち込む。

④Shipper's Packと呼ばれることもある。

〔設問48〕日本の保税地域についての記述として，誤っているものを次のなかから1つ選びなさい。

①港湾や空港施設付近にある公共施設で通関手続き前後の地域である。

②CYやCFSなどが保税地域に指定されている。

③国際見本市の開催では許可を受けた展示会場が保税地域として扱われる。

④民間企業が加工や製造をおこなうために保税工場を持つことはできない。

〔設問49〕FCL貨物についての記述として，誤っているものを次のなかから1つ選びなさい。

①荷主（もしくは海貨業者）がバンニングする。

②複数の荷主でコンテナを共用する。

③バンニングしたコンテナはCYに運ぶ。

④コンテナ1つに対してB/Lは1通である。

第11章

複合輸送

複合輸送（Multimodal Transport）は1つの輸送契約に基づく輸送で2つ以上の輸送手段を組み合わせたものを指します。コンテナが登場したことにより発達し，本来は海上輸送，陸上輸送，鉄道輸送など独立した輸送手段毎に結んでいた輸送契約を一本化できるようになったのです。国際間の輸送貨物では，例えば，モスクワからウラジオストックまで鉄道で輸送し，ウラジオストックからベトナムのホーチミン市まで海上輸送し，ホーチミン市からカンボジアのプノンペンまで陸上輸送するといった**国際複合輸送**（International Multimodal Transport）が可能になったのです。多くのケースが陸地と陸地の間にある海を含めた輸送ルートとなることから**海陸複合輸送**（Land Bridge Transport）とも呼ばれます。

1 アジアの陸路輸送

アジアの陸上輸送路を概観したとき，中国を中心とした交通網の広大さは特筆に値します。世界1位の輸出額の中国の国土面積は日本の国土面積の約26倍，世界第4位の広さです。陸上で12カ国・2地域と国境を接しています。なお，2地域とはマカオと香港ですので国ではないので国境とはいえないのですが，実質的な管理・運用は国境と同じです。中国大陸と周辺諸国との間の経済活動や人的交流が活発になると，交通路として幹線道路・高速道路・鉄道・高速鉄道などの整備が進みます。一方，大規模な経済と人口を持つ中

国と直接つながると経済的に圧迫されるのではないか，と危惧する国も少なくありません。なぜなら，歴史的に中国はアジアで最大の国家でありつづけていますので，冊封や朝貢，侵攻と抵抗，独立と従属といったことを繰り返してきた周辺国が少なくありません。中国は1990年代以降，急速な経済成長を遂げ，周辺国やユーラシア大陸の西方に向かった経済圏の拡大を模索するようになりました。これを**一帯一路**と呼びます。詳しくは後述しますが，中国と西南方向の国々を陸路交通路と海上の航海路で結ぶ経済圏構想です。

　また，一帯一路ほど大きな構想ではないものの，アジアにおいて注目される陸路物流路は**メコン諸国**を結ぶ交通網です。東南アジア地域のなかでも，カンボジア・ラオス・ミャンマー・タイ・ベトナムは，かつては**インドシナ諸国**と呼ばれていました。インドと中国（チャイナ）の間にある地域だからです。東南アジア最大河川のメコン川流域国であることから，最近はメコン諸国と呼ばれるようになりました。ASEAN10カ国のうち，ブルネイ・インドネシア・マレーシア・フィリピン・シンガポールが**海のASEAN**と呼ばれることがあります。これに対してメコン諸国を**陸のASEAN**と呼びます。

2 メコンの経済回廊

　メコン諸国は第二次世界大戦後もベトナム戦争やカンボジアの内戦，ベトナムのカンボジア侵攻と中越紛争，英国から独立したビルマ（現ミャンマー）での少数民族間の内戦など戦乱がつづきました。タイは戦中から中立を維持してきた歴史的背景もあり，第二次世界大戦後も政治的な混乱はなく，むしろ共産主義国家であるベトナム・ラオス・カンボジアに対峙し反共の砦として西側諸国からの援助や投資を受け，いち早く経済発展を遂げました。

　東西冷戦が終結に向かい，メコンの紛争や内乱も収束していきました。1988年，タイのチャチャイ首相は「インドシナ半島を戦場から市場へ」と発言し，経済発展から取り残されてきた同地域の経済開発に期待を寄せました。

1990年代に入ると，先ずベトナムがドイモイ（刷新）政策と呼ばれる改革開放政策を本格化させ，外資系企業の工場進出やASEANへの加盟，貿易自由化への取り組みを加速していきました。また，ラオスやカンボジアも2010年頃から中国での生産コスト上昇を受けた外資系企業の工場移転の受け皿となるなどして工業化がはじまりました。ミャンマーは2011年に軍事政権が民政移管したことで外資系企業の進出がはじまりましたが，2021年のクーデターによって再び軍政国家となると経済活動も停滞し，不透明な情勢がつづいています。

メコン諸国の交通網整備のためには莫大な資金が必要です。**アジア開発銀行**（Asian Development Bank: ADB）は，1992年にメコン諸国に加えて中国の雲南省と広西チワン族自治区も含めた経済開発計画である「**大メコン圏** (Greater Mekong Sub-region: GMS) **経済協力プログラム**」を発表しました。取り扱うテーマは交通・通信・エネルギー・人的資源・環境・貿易・投資・観光・農業と幅広いものです。日本の**国際協力機構**（Japan International Cooperation Agency: JICA）による**政府開発援助**（Official Development Assistance: ODA）も加わり，メコン地域の経済開発が進められてきました。

交通網の整備では東西南北にわたって**経済回廊**が整備されています。地図11-1はGMSにおける主な経済回廊を示しています。最初に進められたのが**東西経済回廊**です。メコン諸国は当然のことながら域内にメコン川が流れていて，この大河を越える大規模な架橋工事が必要となります。また，道路も従来の国道を拡幅して自転車，オートバイ，自動車，トラックなどのすみ分けが必要です。橋やトンネル，道路の拡幅とリハビリなど物的な社会資本整備を**ハード・インフラ整備**といいます。これに対して，税関職員の貿易知識向上や通関手続きの簡素化のための電子通関の普及など，いわゆる**ソフト・インフラ整備**も必要となります。

では，ハード・インフラ整備が順調に進む東西，南北，南部の3つの経済回廊の特徴についてみていきましょう。

117

（1）東西経済回廊（EWEC）

　東西経済回廊（**East-West Economic Corridor: EWEC**）は，東はベトナムの中部都市ダナンを起点とし，西はミャンマーの最大の経済都市であるヤンゴンを結ぶルートです。東からルートを辿ると，先ずベトナム中部のダナンからフエへ北上し，フエから西方にいきラオスへ入国します。ラオスではサワンナケートというメコン川沿いの町を抜け，日本がODAによる円借款で整備した「第2タイ＝ラオス友好橋」を渡ってタイ側のムクダハンに入国します。その後タイ領内のピサヌロークやタークを経由し国境の町メーソートからミャンマーのミャワディに入ります。そしてミャンマー西岸のモーラミャインから北上してヤンゴンに至る約1,800キロメートルの回廊です。さて，このルート中で聞き覚えのある都市はどれくらいあったでしょうか？経済回廊は都市と都市，つまり経済集積地と経済集積地を幹線道路で結ぶことで集積が分散し，回廊に沿って新たな経済集積地が生まれることを期待しています。例えば，新しいレストランや工業団地，住宅街などです。しかし，EWECでは大都市は起点となるヤンゴンとダナンだけで，後は小規模な街に過ぎません。こうしたことから，EWECを東西貧困回廊などと揶揄する声も聞かれます。

（2）南部経済回廊（SEC）

　南部経済回廊（**Southern Economic Corridor: SEC**）の東はベトナムの南部経済都市であるホーチミン市を起点として，カンボジアのプノンペン，タイのバンコクを経てミャンマーのダウェーまでを結ぶ約1,200キロメートルの経済回廊です。ホーチミン市からバンコクへの物流であれば，海運を使っても3日程度です。一方でトラック輸送では2日程度で運べますが，海運よりも陸運コストは高額ですので，突発的な緊急時でもなければ，企業は海運を利用します。SECの1つのメリットはカンボジアのプノンペンやカンボジアの東方に立地する工場が，ベトナム経由で材料や部品を調達しやすいことにあります。衣類や自動車部品など，カンボジアの安価な労働力とベトナムの

地図 11-1　メコン諸国を結ぶ経済回廊の概略図

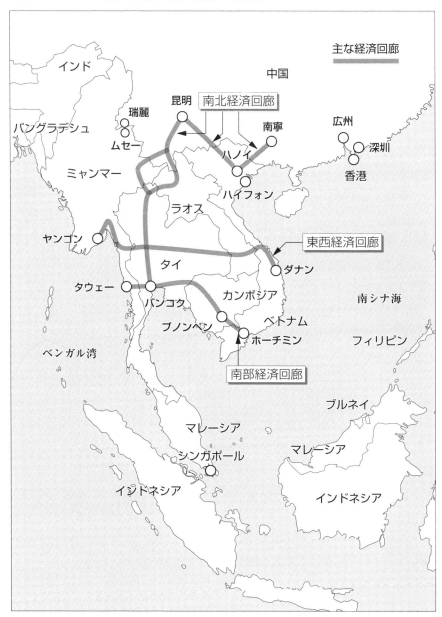

（資料）各種資料より筆者作成。

港湾インフラ，SECを活用した貿易路の確保が可能となりました。

　もう1つのメリットは，ダウェーからベンガル湾に直結できる点です。タイのバンコク工場で製造した欧州向けの輸出貨物は現在はバンコク近郊のレムチャバン港から船で運ばれていきます。地図11-1をみると分かりますが，バンコクを出港した船はマレー半島に沿って南下してシンガポールを右にみながらUターンしてマラッカ海峡を抜けてベンガル湾に出ていきます。ダウェーはまだ開発中の港湾都市で，政情不安などから計画は思ったように進んでいません。ダウェーが活用できるようになると，バンコク経済圏から陸上輸送でダウェーまで運び，ダウェーから西方向けの海上輸送が可能になります。マラッカ海峡経由の海運よりも大幅な時間短縮が見込めます。

（3）南北経済回廊（NSEC）

　最後に**南北経済回廊**（**North-South Economic Corridor: NSEC**）です。南北ですので中国の都市（雲南省の昆明市と広西チワン族自治区の南寧市）を起点としたメコン諸国との間の交通路です。雲南省は海と接していないので海港に出るためには，国内の広東省などの沿海部の港湾を利用するしかありません。しかし，地理的にはベトナム北部のハイフォン港が最も近く，ラオスとタイを縦断してタイのレムチャバン港に出ることもできます。雲南省は中国内陸部からみて東南アジアへのゲートウェイの位置付けです。現在，昆明からラオス，タイを結ぶ高速道路や鉄道建設が進んでいます。

　また，昆明からベトナムのハノイ，ハイフォンまでを結ぶ回廊もあります。昆明からベトナムとの国境地域である河口まで中国側は高速道路が完備されています。また，ベトナム側国境の町ラオカイからハノイまでの高速道路もADBの援助によって開通しました。さらに，ハノイから港湾都市のハイフォンまでの高速道路も開通したので，昆明からハイフォン港まで国境ゲート通過時以外は一気通貫で高速道路での輸送が可能になりました。

　また，南寧は広東省などの工業集積地に近接しているので，深圳，東莞といった日系企業も多数進出している工業地域とベトナム北部を結ぶ重要な経済幹

線の経由地です。例えば，韓国系サムスン電子はベトナム北部で世界市場向け
にスマートフォンを大量生産していますが，輸入部品の多くは広東省で生産さ
れており，これらをNSECを使って陸上輸送しています。深圳からハノイまでド
ア・トゥ・ドアで約24時間で輸送されており，航空機を利用するよりも早いのです。

　経済回廊の課題は，ソフト・インフラの面にあります。例えば税関から賄
賂を要求されたり，道路を走るトラックの検問で警察に不透明な費用を請求
されたといったことが後を絶ちません。また，出国と入国は隣接した両国の国
境施設でおこないます。陸上国境の場合，出国して数十メートルですぐ入国
審査となります。利用者の立場からは，これを1つの建物で「出と入」を手
続きするシングル・ストップにして欲しいところです。しかし，国境は両国の
国家主権の最前線であり，安全保障の最前線でもあるのです。利便性のため
だけに国境通過を円滑化するということはなかなか実現できない課題なのです。

写真11-1　メコン川に架橋される前はフェリーで
貨物や人を運んでいた。SECのメコン川部分の町，
カンボジアのネアックルン（2012年9月）

写真11-2　SECに日本の無償資金協力で完成し
たネアックルンの「つばさ橋」（2020年2月）

写真11-3　ラオス側からみた第2タイ＝ラオス友
好橋（2014年3月）

写真11-4　ダウェーの海岸。手付かずの海岸線が
広がる（2012年7月）

3 一帯一路

　一帯一路は2014年11月に中国で開催された**アジア太平洋経済協力（APEC）**首脳会議で，中国の習近平国家主席が提唱した経済圏構想です。中国の開発の波を南西方向へと向け，道路，港湾，鉄道などインフラ整備を進めていくものです。地理的イメージは地図11-2のとおりです。新しい経済圏構想とはいっても，新しく何かがはじまるというよりも，既に周辺各国との間に存在している中国との交通路を拡充するインフラ整備プロジェクトを改めて一帯一路構想のなかで位置付け，融資や経済協力を進めていくものです。

　元来，ADBがアジアのインフラ整備の資金を提供してきました。ADBは戦後世界の復興のためのアジア地域の開発銀行としてアメリカと日本が主導してきた銀行です。日米が最大の出資国でそれぞれ15.7％を出資し中国は6.5％で３位の出資国です。歴代総裁は日本の大蔵省（現財務省）OBが歴任しています。理事会での投票権も出資比率に応じて決まるため，中国はADBのなかで発言権を強化したくても，出資金を増額しなければなりません。しかし増資のためには日米の了承が必要なので，ADB内での中国の存在感をこれ以上高めることはできないのです。

　また，世界のなかでみても経済成長著しいアジアのインフラ需要は旺盛で，ADBだけで担える規模ではありません。そこで中国は一帯一路構想と合わせて新たな開発銀行として，**アジア・インフラ投資銀行（Asian Infrastructure Investment Bank: AIIB）**の開設を発表しました。2016年１月の発足に向けて中国は参加国を募りましたが，アメリカや日本はアジアの開発は従来のADBでおこなうことやAIIBのガバナンスに不安があるとして参加を見送っています。ガバナンスとは，例えば，経済効果が低いにもかかわらず，返済ができないほどの巨額融資をおこない，相手国が債務不履行となるケースなどを想定しています。実際，スリランカの港湾開発で中国が巨額な援助資金を投じたもののスリランカ政府は返済できず，最終的に99年間の港湾使用権

を中国に付与することになった事例がありました。こうした**債務の罠**ともいえる先例を日米他諸外国は懸念しているのです。

図表11-1　ADBとAIIB

和文名称	アジア開発銀行	アジア・インフラ投資銀行
英文名称	Asian Development Bank: ADB	Asian Infrastructure Investment Bank: AIIB
設立年	1966年	2016年
本部	マニラ（フィリピン）	北京（中国）
参加国（出資国）	67カ国・地域	103カ国

（資料）各種資料より筆者作成。

地図11-2　一帯一路構想の概略図

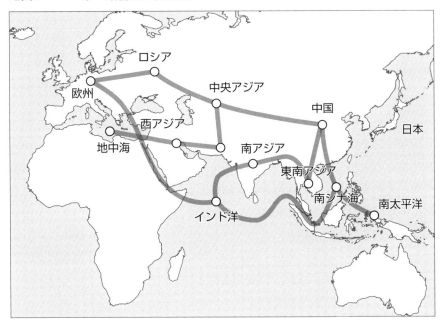

（資料）各種資料より筆者作成。

4 複合輸送の効率化

　世界の地域的経済圏構想の概略をみてきました。物流路が拡充され貨物輸送量が拡大していくと，港湾施設，鉄道ターミナル駅，トラック・センターなどでの貨物の積み替え需要も増加します。こうした積み替え場所で貨物が滞留し数日の遅れが生じると荷主にとって大きな損失となります。このため複合輸送の効率的な運営がますます重要となってくるのです。では，複合輸送時の貨物の積み替えが，効率化のカギを握っている理由についてみていきましょう。

（1）輸送機関別シェア

　図表11-2は日本の輸送機関別の取り扱いシェアの推移を示しています。重量ベースでみた交通機関毎のシェアについて半世紀の推移をみると，自動車が増加し，鉄道が低下し，内航水運が横ばいで，飛行機が増加しました。これは，高速道路が今のように整備されておらず，一般道の路面が悪路だった時代，都市間の中長距離輸送には鉄道が多く利用されていたからです。また，飛行機輸送は高額ですが，迅速な輸送を求める事業者や個人が増えてくると，有用な輸送手段となります。また，経済成長とともに日本の空の便も拡充され利用者の増加とともに運賃が少しずつ低下してきたことも航空貨物増加の要因といえるでしょう。内航水運は船による輸送で，北海道や沖縄への自動車，家電製品などの輸送を想像すると分かりやすいでしょう。メーカー希望小売価格はこうした遠隔地では割高となっていることが多く，国内といえども輸送費がかかることが原因です。他に輸送手段がないので，内航水運の比率は一定の需要が維持されているのです。

　さて，ではなぜ自動車輸送の比率が9割超にまで高まったのでしょうか。トラック運転手不足や排ガス規制，脱炭素といった社会問題も議論されるなか，日本の国内貨物輸送の9割がトラックによるものなのです。これは，都

図表11-2　日本の国内輸送の機関別シェア（重量ベース）の推移

（単位：％）

	自動車	鉄道	内航水運	空路
1960年	75.8	15.1	9.1	0.00
1970年	88.1	4.8	7.2	0.00
1980年	88.9	2.7	8.4	0.00
1990年	90.2	1.3	8.5	0.00
2000年	90.6	0.9	8.4	0.00
2010年	91.6	0.9	7.5	0.02
2015年	91.3	0.9	7.8	0.02

（資料）国土交通省ウェブサイトより作成。

市内での輸送では，コンビニエンス・ストアの普及や消費者のネット・ショッピングなど，小口配送需要が増えたことが挙げられます。都市間輸送も各社が大型倉庫を高速道路の出入り口付近に建設し，迅速な輸送が競争力の源泉となっている事情があります。鉄道ではどうしても積み替えの時間がかかりますし，時刻表どおりの輸送しかできません。いうなれば経済成長によって豊かになった消費者が機動力のある輸送手段を求めているのです。

（2）複合輸送の概念

　図表11-3は複合輸送の概念図です。外国との取り引きであれば両側の顧客は輸出者や輸入者となります。国内であれば売主と買主になりますが，図表では物流企業がみた呼称として顧客としています。国内輸送にせよ国際輸送にせよ，概念図は比較的長距離の輸送を前提としています。都市内の近距離輸送ではありません。日本国内であれば，東京-大阪，大阪-北海道といった長距離輸送ですし，海外であれば東京と上海，ロンドンとニューヨークといったイメージです。

　顧客の荷物は工場や倉庫から発送されるとして，ターミナルまでは中小型トラックを使います。これをローカル・トラックとしています。ターミナルは水運（海運や内航水運）であれば港湾，鉄道輸送であれば鉄道貨物駅，航空

図表 11-3　複合輸送の概念図

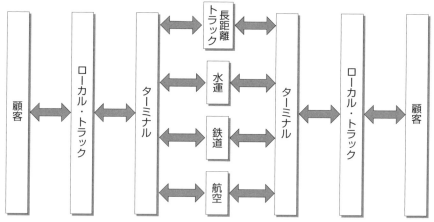

（資料）各種資料より筆者作成。

であれば空港です。また，長距離トラックであるならば，大型トラックが待
機して全国からの荷物を集配する都市近郊のトラック・センターです。

　コンテナの出現により物流の効率化が向上しました。ターミナルでどの程
度の時間を要するのか，これがまさにコストとして物流費に上乗せされます。
倉庫保管料や物流在庫は顧客にとってはコストそのものです。すなわち，こ
のターミナルでいかに効率的な積み替えができるかが複合輸送にとって重要
となります。

　では，先述のメコン地域の越境交通や日本の青森から鹿児島までの陸路輸
送を想定してみましょう。顧客から顧客まで陸上輸送だけで結ぶことができ
るので，貨物の大きさにもよりますが，2トン車程度のローカル・トラック
で一気に運んでみるとどうでしょうか。ローカル・トラックは少量の貨物し
か積めませんので，貨物の容積や重量に対する単位輸送費は割高となります。
やはり，途中で都市間移動をする大型トラックに載せ換えて輸送単価を下げ
る必要があります。

（3）複合輸送の効率化

　複合輸送のコストと距離の関係を示したものが図表11-4です。①ローカル・トラック（2トン車）のみで東京と福岡間を一気通貫で輸送した場合，AGがそのコストと距離の関係となります。②途中で長距離輸送機関（長距離トラック，水運，鉄道，飛行機）を利用した場合，ABCDEFとなります。長距離輸送手段はローカル・トラックよりも距離当たりの単価が割安となるので，CDの傾きはAGよりも緩やかになります。③長距離輸送機関とローカル・トラックのターミナルでの積み替え時間（コスト）がBC，DEです。

　では，複合輸送のさらなる効率化はどうしたら達成できるでしょうか。個々の輸送手段のスピード・アップももちろん重要です。高速道路の速度制限を緩和したり，都市部の交通規制を緩和するなど法制度の規制緩和も効率化につながるでしょう。ただし，インフラ整備もほぼ整った日本では，これ以上のハード・インフラの改善や規制緩和は限界に近付いていて，ターミナルでの積み替えの効率化もかなり進んでいるのが実際のところです。また，道路

図表 11-4　複合輸送の費用と距離の関係図

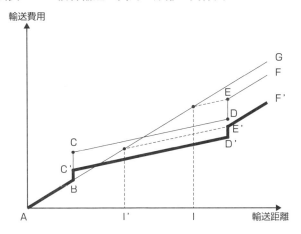

（資料）石田（2006）114 ページより作成。

事情や鉄道輸送の事情にそれほど不確実性はなく，よほどの天候不順で道路が封鎖されるという事態でもない限り，長距離輸送機関は定時に出発して定時に到着できるでしょう。ターミナルでも長距離輸送手段への積み下ろしは効率的におこなわれ，貨物や輸送機関のターミナル滞在時間は1〜2時間程度といわれます。成熟した日本国内輸送であれば効率化は極限まできていると思われますが，国際複合輸送では外国のターミナルでの効率化が重要となってきます。

　ターミナルでの積み替えに必要な設備の増強や手続きの電子化などにより，積み替えコストを削減できます。図表11-4でターミナルでの時間を短縮すると，BCがBC'に，DEがD'E'になりますので，全体ではABC'D'EF'となり，同一距離の輸送費用が安価となります。

　ターミナルでの時間短縮が達成される前の状態の場合，AIの距離以内であればローカル・トラックで一気通貫で輸送した方が費用は安価です。しかし，ターミナルでの時間短縮が達成された後はAI'の距離よりも長い距離であれば複合輸送の方が安くなります。

（4）ICD

　港湾施設は一般的に海沿いや川沿いにあります。ここでは**乾いた港**（Dry Port）とも呼ばれる，**ICD**（Inland Container Depot）についてみていきます。ICDは都市郊外や工業団地近郊などの内陸部に立地するコンテナ・ターミナルです。ICDは複合輸送のターミナルとして，他の輸送機関との間を効率よく接続する役割が期待される施設です。当然のことながら，輸出貨物や輸入貨物が入構する地域ですので，保税地域に指定されています。

　ICDの機能は国や地域によって異なりますが，およそ次のような機能を持ちます。それは，①税関・検疫，②CY，③CFS，④保税蔵置場（マーシャリング・ヤード），⑤バンニング・デバンニング区域とその設備，⑥道路・鉄道・内航水運・空港との連携，などです。

　ICDの利便性について，図表11-5の図解をみてみましょう。例えば，海運

の国際港湾施設から近くの大都市まで150キロメートルほど離れています。都市部へ輸入消費財を供給する場合，港湾で輸入手続きをしてコンテナからデバンニングした貨物を都市の供給先店舗まで3台のローカル・トラックで運ぶよりも，都市近郊ICDまでコンテナのまま運び，ICDで輸入通関をして，そこから都市内の3つの店舗に3台のローカル・トラックで輸送する方が効率的です。

　このように，ICDは輸出入コンテナ貨物の増加を背景に，港湾での処理能力不足を補完し，かつ都市中心部へのコンテナ・トラックの乗り入れを防ぎ，交通混雑の緩和を図る上でも欠かせない施設となってきています。港湾の処理能力がオーバーしているのでコンテナのまま市街地に乗り入れたり，通過するといったことが問題となっており，ICDによってこうした問題は改善されています。

図表11-5　ICDの役割の図解

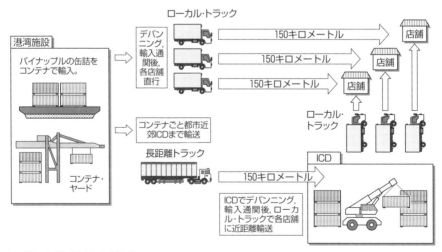

（資料）各種資料より筆者作成。

〔設問50〕メコン諸国の東西経済回廊の最も東の地点を出発して最西端の地点を終着点とした場合，出発から終着までの通過国を正しい順に左から並べたものはどれか。

①ベトナム→ラオス→タイ→ミャンマー

②ベトナム→ラオス→カンボジア→タイ

③ベトナム→ラオス→タイ→中国

④ベトナム→カンボジア→タイ→ミャンマー

〔設問51〕都市部での自動車輸送が経済成長とともに増加する理由として，誤っているものを次のなかから1つ選びなさい。

①コンビニエンス・ストアなどへの小口配送が増えたから。

②消費者のニーズが多様化し，都市内のきめ細かな輸送サービスが必要だから。

③宅配などの普及で小口貨物の輸送が増えたから。

④自動車が普及するとガソリン価格が安くなるから。

〔設問52〕国内輸送の効率化において，図表11-4が示すC'D'は何か。正しいものを次のなかから1つ選びなさい。

①2トン車程度の近距離トラックによる輸送費用と距離の関係

②トラック・センターなどでの積み替え時間と費用の関係

③長距離輸送手段による輸送費用と距離の関係

④道路渋滞によってロスした時間と輸送費用の関係

〔設問53〕図表11-4についての記述として，誤っているものを次のなかから1つ選びなさい。

①複合輸送がABCDEFの時，IとI'の中間点に荷物を運ぶ場合，ローカル・トラックの一貫輸送の方が安価となる。

②ABCDEFの時，Fまで荷物を運ぶ場合のコストはターミナルでの積み替えの効率化以外に安くする方法はない。

③技術革新によってC'D'よりもAGの傾きが緩やかとなった場合，この図表内の距離においてはローカル・トラック一貫輸送が複合輸送よりも効率的となる。

④ABC'D'EF'の時，Bで長距離輸送手段に積み替え，最終目的地までそのまま直結できる場合，輸送費はF'よりも安価となる。

閑話休題③　中越南北回廊の昆明-ハノイルートをいく

雲南省とベトナムを結ぶ道路の完成

2008年3月，中国広東省の広州市に駐在していた私は，たまたま読んでいた新聞で「中国雲南省の南東部，ベトナム国境地域を結ぶ高速道路が全線開通」という記事をみつけました。報道によると，工事中だった最終区間が開通したことで昆明市からベトナム国境の町「河口」を結ぶ高速道路が全線開通したとのことでした。

中国とメコン諸国をつなぐ南北経済回廊のうち，雲南省とベトナムを結ぶ中国側主要区間です。険しい山岳地帯を抜ける高速道路が開通すれば昆明-河口の470キロメートルは4～5時間で走行可能となります。昆明からベトナムを目指す車両は険しい山道と峠越えの労苦から開放されるのです。

中国の土木技術

中国のインフラ整備力は強大です。財政力はもとより自然を治める土木建築技術が高く，そのスピードも圧倒的です。あっという間に景色が一変するような改造工事を遠慮なく大自然に加えていきます。高速道路の橋桁のような巨大な建造物が一夜にして軒先にでき上がり，近隣住民は違和感を抱く間もなく近所の景色が一変します。いく先に山があればトンネルで貫き，小さい山なら爆破して整地します。小川は埋め立てて，大河には大橋を架け，自然を治めるための妥協は一切ありません。

中国には「水を治めるものが天下を治める」ということわざがあります。歴史的に長大な黄河の氾濫を人為的に治めることに成功した者が天下を取ったからです。大陸性の雄大で圧倒的な自然は古代の人間の力では如何ともし難い脅威でした。自然と人間が絶えず対峙し熾烈な戦いを繰り返した歴史は現代中国人の自然統治を肯定する動機を醸成しているように感じます。

いざ現地調査へ

さて，昆明から国境の街「河口」とベトナム側のラオカイを経由しハノイを

目指すことにしました。私は当時，国境調査にかなりの時間を割いていて，14カ国・地域と接する中国の陸上国境を次々と現地調査していたのです。

　昆明までは飛行機で赴き，昆明でレンタカー（運転手付き）を借りて河口を目指しました。高速道路が開通したので河口までの500キロメートル弱は快適な旅になるはずでした。昆明を朝8時半に出発したライトバンは順調に高速道路と国道326号線を走り一路「蒙自」を目指しました。夕方までに河口に着けばよいので以前からある蒙自までの高速道路は使わず国道でいくことにしたのです。蒙自までの途中の町で昼食を食べるために食堂に立ち寄りました。そこの店主の話によると，「蒙自」から「河口」までの200キロメートルを結ぶ高速道路はまだ完成していないとの話でした。先日の大雨で土砂崩れなどがあったので工事が遅れているという話でしたが，するとこの先の一般道はかなり難儀な条件ではないかと嫌な予感がしたのでした。

　「鶏街鎮」という小さな村付近で紅河高速道路の料金所をみつけたものの，この先，途中から未開通のため，そこから先にいくのであれば下の国道326号を走る必要があるといいます。広州でみた高速道路全線開通の新聞記事は誤報だったようです。料金所の女性は，先週の大雨で土砂崩れが発生し国道も寸断されたので省道212号でいった方がよいと教えてくれました。

紅河と未開通高速道路。新街付近の省道から（2008年7月）

省道は崖崩れで走行困難な場所が連続。右側は紅河（2008年7月）

川の語源と紅河

　峠越えの山間道路である省道を走り，棚田の里をいくつもとおり抜け，峠をいくつも越えていくと紅河にぶつかります。紅河はその名のとおり赤土の溶け込んだコーヒー牛乳のような色をしています。酸化鉄を多く含んだ錆色の水は

流れも早く，濁流は山肌を削りさらに赤みを増していきます。川幅は数十メートル程度でしょうか。雲南省に発した紅河はベトナム北部を抜けトンキン湾に注ぎます。その頃には川幅は数百メートルにもなる大河です。

日本語の「かは（川）」の語源は「場所」を意味する「か」と「端」を意味する「は」から成るといいます（嘉藤（1996）より）。古代の人々にとって，「川」はモノや人の自由な移動を阻む場所であり，日常生活の範囲のはじまりであり終わりでもあったのです。なるほど，日本も川が県境や区界になっている場所が多いことに気付きます。この紅河もまた，中国とベトナムの国境線を形成しているのです。

水運が物流の主力だった時代，川は経済活動の動脈でした。内陸地域の住民にとって河川は輸送路であった他，農業用水，生活用水を得る重要な水源でした。人間は河川に沿って集落を作り，川門（川幅の狭いところ）には自然発生的に渡し場ができ，対岸地域との交易によりモノと人が集まる場所が街になっていきました。河口もラオカイも恐らくそのような成りゆきででき上がった街なのだろうと思います。

橋の中央が国境線。向こう側がベトナム・ラオカイ（2008年7月）

河口とラオカイを結ぶ列車。仏領インドシナ時代の1913年に開通したハノイ-昆明鉄道の河口駅（2008年7月）

河口到着

紅河沿いの省道はとにかく悪路でした。崖崩れで走行困難な部分も多く，泥濘（ぬかるみ）にタイヤを取られ立ち往生する車を何台もみかけました。でこばこの未舗装区間は歩くほどのスピードでも天井に頭を打ちつけるほど揺れました。右に紅河の濁流，正面は土埃舞う悪路，左の山側を見上げると未開通の紅河高速道路が無機質な腹部を無遠慮にさらしていました。

1979年2月の中越国境紛争当時，雲南省昆明軍区から戦車部隊，騎馬部隊，歩兵部隊が進攻したときも，この省道を進んだのでしょうか。2月といえば霧雨が一日中降る季節です。ぬかるんだ泥道に足を取られながらの進軍だったに違いなく，当時の様子を眼の前の風景に合成しながらしばし空想を巡らしました。

　昆明を出て11時間になろうかという頃，紅河沿いの「新街」という町に到着しました。「何ゆえこんな僻地に街を作ったのか」。これはエアコン付きの車で旅することに慣れた現代人の感想です。川があって山があって，狭隘な平野に張り付く集落は自然の地形と合理的な折り合いをつけてそこに存在しています。日常行動範囲が数キロメートル圏内で車などない時代，ここは便利な村落だったに違いないのです。

　新街から河口までの56キロメートルは高速道路が使えるとの朗報を得ました。料金所から高速道路に入ってからは，悪路走行で身構えつづけた全身をようやく車のシートに沈み込ませ脱力しました。

　30分ほどで河口に到着するのですが，黄昏時に新街を出て，高速道路を走りながら日没を迎えました。路面を照らすのは車の灯火だけとなりました。眼下の紅河は真っ暗でもうみえません。対岸のベトナム側の黒い山影が車窓をゆっくりと横切っていきます。河口の料金所に着いたときには漆黒の山々の上で点々と輝く星空が広がっていました。なかでも明るい光を放つ北斗星がゆらゆらと明滅して私たちの河口到着を歓迎してくれているようでした。

河口のベトナム国境ゲート。中国産品をベトナムへ運ぶベトナム人荷役たち（2008年7月）

ベトナム・ラオカイ側からみた河口（左奥）。高層マンションが建ちはじめた。手前と右奥がベトナム（2015年7月）

第12章

リスクの対処

　貿易取引にはさまざまな危険があります。こうした危険（リスク）に備えてあらかじめ対処することをリスク・ヘッジといいます。大型船が海で座礁して燃料の重油が漏れ出したとか，大型船が操舵ミスによって運河で座礁し航路を塞いでしまったとか，テレビ報道などで時々目にします。また，輸出者や輸入者にとって船の事故は自社の貨物に損傷を与え，最悪の場合は貨物の消失につながります。また，輸入者（買主）が，貨物到着前に倒産したり，輸入国がクーデターなどの政変で企業活動が全面的に停止してしまうといったリスクもあります。

　こうした貿易取引に伴うリスクのほとんどは，保険によって**リスク・ヘッジ**できます。ここでは，輸送中の貨物に対する損害を想定した**貨物海上保険**と取引相手に対する**信用危険**，取引相手国の**カントリー・リスク**に対する**非常危険**を想定した**貿易保険**についてみていきます。また，このほかにも製造物の欠陥が原因で取引後に身体，財産に損害を与える場合などを想定した**製造物賠償責任保険**もありますが，本書では割愛します。

1 海上保険

　国際間を輸送する船舶と海上貨物を対象とした保険です。ここでは**貨物海上保険**をみていきます。海上保険の歴史は長く，伝統的にロンドンを中心とする国際保険取引に組み込まれていて，**ロイズ（Lloyd's）保険取引所**で定め

た約款に準拠しています。また，海上輸送する貨物のための損害保険は，飛行機や鉄道，トラック輸送などにも準用されています。海上輸送の場合，特に台風などの悪天候による輸送機材の到着遅れ，輸送途中での貨物の盗難，破損，焼失，水濡れ，紛失などの事故が想定されます。

海上保険において輸出者と輸入者のどちらが手続きと支払いをするのかはインコタームズ（取引条件）によります。FOBならば輸入者が，CIFならば輸出者が保険付保の手続きと支払いをします。

海上保険は**実損補填の原則**によります。これはあらかじめ定めた保険金額を上限に実際の損害額が保険金として支払われることを意味します。例えば，1,000万円の工作機械の輸送で，保険金額を500万円に設定した場合，貨物が全損であっても500万円が保険金額の上限となります。商品価値ではなく実際に付保された保険金額を補填する考え方で，例えばCIF価格を上回る金額でも評価が妥当であれば引き受けられます。

保険会社と保険契約を締結して保険料を支払う義務を負う者のことを**保険契約者**と呼びます。また，貨物が実際の損害を受けた場合に経済的な損失を被る者を**被保険者**，保険契約を引き受ける者を**保険者**と呼び，一般的には保険会社が保険者となります。

なお，貨物固有の瑕疵や性質，梱包不備，自然消耗，航海の遅延によって生じた損害などは保険が適用されません。海上保険の対象となるものは，細かく規定されています。付保する保険の種類にもよりますが，保険対象となるリスクは次のとおりです。

＊火災，爆発，船舶または艀（はしけ）の座礁，沈没，輸送用具の衝突，避難港における貨物の荷下ろし，共同海損，投荷（なげに）（航行が困難となり積み荷を海中に捨て船の重量を軽くすること）等による貨物へのダメージ。

＊地震，噴火，雷，海水，湖水，河川水の船舶，艀等への浸入，船舶または艀への積み込みもしくは荷下ろし中の落下等貨物へのダメージ。

＊雨淡水濡れ，盗難，抜荷（ぬきに）（輸送途中で貨物の一部なり全部が勝手に売られて

しまうこと），付着等のダメージ。

（1）全損と分損

　海上保険の目的物が損害を受けた場合，その損害の程度によって**全損**（**Total Loss**）と**分損**（**Partial Loss**）とがあります。全損は**絶対全損**（**Absolute Total Loss**）と**推定全損**（**Constructive Total Loss**）があり，前者は保険の対象物の全てが滅失した場合で，保険金は全額支払われます。なお，絶対全損は**現実全損**（**Actual Total Loss**）とも呼ばれます。後者の推定全損は海上保険の目的物が事実上，滅失に近い損害を被ったと推定できる場合に適用されます。

　分損は，貨物の一部に生じた損害を指し，**海損**（**Average**）とも呼ばれます。海損は損害の負担をどうおこなうかにより，**共同海損**（**General Average**）と**単独海損**（**Particular Average**）があります。共同海損は例えば船が悪天に遭遇し浸水し沈没が危惧される状況で，船長の判断で近くの島の浅瀬に故意に座礁させることで沈没を免れたというケースです。座礁による船底の損傷は沈没を回避するためのもので，この損害は一定の比率で荷主が共同で負担することになります。一方，単独海損は，共同海損ではない海損のことで，荷主が単独で負担する損害のことです。座礁の例でみれば，座礁して船体が傾いたことで積み荷のなかで片寄りが生じて商品の一部が破損したというケースです。

　このほか，**戦争危険及びストライキ危険**については，いずれも発生確率や頻度，タイミングなどは全く予測できません。そして，一度発生すればその被害が甚大なものになるという理由で，普通保険約款では免責とされ，別途の特別約款により担保することになります。戦争危険は，宣戦の有無に関わらず内乱・革命・反乱なども含みます。ただし，原則として海上輸送中のみが戦争危険の保険期間となります。また，ストライキ危険については労働者の反乱や暴徒化による破壊行為による損害を対象としていますが，ストライキによって貨物が遅延した場合の損害は補償されません。

図表12-1　全損と分損

海損の種類	損害の種類	補填の範囲	FPA（分損不担保）	WA（分損担保）	A/R（オール・リスク）
共同海損	共同海損	・共同海損犠牲損害 ・共同海損費用 ・共同海損分担額（被保険者が分担する金額）			
全損	全損	・絶対全損（Absolute Total Loss） ・推定全損（Constructive Total Loss）			
単独海損	特定分損	・沈没，座礁，大火災 ・衝突，爆発，火災及び避難港での荷下ろしに合理的に起因する損害 ・積み込み，荷下ろし，積み替え中の梱包1個毎の全損			
	費用損害	・損害防止費用，その他の特別費用（避難港などでの荷下ろし，保管，積み替えなどの費用）			
	その他の分損	・特定分損以外の分損（潮濡れ，高潮，津波，洪水による濡れ損，流失損，その他悪天候による分損）			
	各種の付加危険	各種付加危険を一括担保			
追加保険	ストライキ危険担保				
	戦争危険担保				

（資料）石川（2016）271ページより作成。

（2）保険証券

　L/Cでの決済ではL/Cの設定時に必ず海上保険の付保が条件となっており，**保険証券**はB/Lと並んで重要な書類となります。貨物海上保険の他にも，**船舶保険**，**航空貨物保険**，**国内運送保険**が利用されることもあります。例えば，国内運送保険であれば，貿易貨物の輸出に際し，FOB取引であっても，売主は工場（倉庫）から港湾施設の本船甲板までの間のリスクを想定して付保します。

　事故が起きたら，事故現場（貨物）の写真を撮り，保険証券に書かれてい

るクレーム・エージェントに連絡することになります。荷主は現場にいないので，一般的には海貨業者（フォワーダー）がこうした手続きを代行します。そのほか，保険金請求書（Claim Note），保険証券（Insurance Policy），B/L,仕入れ書（Invoice）などが必要となります。

2 貿易保険

貿易取引は輸送以外の部分でも多くのリスクが存在しています。通常の海上保険では輸送に関わるリスクを想定しています。輸送以外の取引リスクに対応するための保険として，日本は輸出信用保険制度を通産省（現経済産業省）で運営してきました。2001年に独立行政法人日本貿易保険が設立され，2017年からは株式会社**日本貿易保険（NEXI）**が発足し引き継がれています。NEXIが取り扱う保険は，日本の企業がおこなう海外取引（輸出・投資・融資）の輸出不能や代金回収不能などをカバーします。

（1）リスクの中身

貿易保険で対象とするリスクは，**信用危険**による損失と**非常危険**による損失とに分けることができます。前者は貿易相手による契約破棄，破産，支払い拒否などによる損失です。また，後者は当事者に責任のない不可抗力的な危険で，戦争・政変・自然災害・行政上の決定といった**カントリー・リスク**に関わるものを対象としています。行政上の決定とは，例えば外国為替管理を厳しくする決定が出され，外貨交換が規制されたため輸入者が支払い不能となるケースなどです。こうした信用危険と非常危険は民間保険ではカバーできませんので，リスクを嫌気して取引自体を見合わせてしまうと，海外投資や輸出取引が停滞します。国際的な経済交流を進める上で，国としては公的な保険サービスによって企業に一定の安心を提供する必要があるのです。

一般的に貿易取引に関わるリスクは，貿易相手の信用が4割，荷役が3割，

図表12-2　貿易保険がカバーするリスク

非常危険	信用危険
● 為替取引制限・禁止，輸入制限・禁止 ● 戦争・内乱・革命 ● 支払い国に起因する外貨送金遅延 ● 制裁的な高関税，テロ行為 ● 国連または仕向国以外の国の経済制裁 ● 収用 ● 自然災害，契約当事者の責によらない事態	● 契約相手方の3カ月以上の不払い（商品クレーム等，輸出者に責のある場合を除く） ● 契約相手方の破産 ● 破産に準ずる理由 ● 外国政府等を相手方とする輸出契約等の船積み前の一方的キャンセル

（資料）NEXIウェブサイトより作成。

輸送時が1割，カントリー・リスクが1割，その他が1割とされます。荷役と輸送時のリスクは民間の貨物海上保険で対応できますが，貿易相手の信用とカントリー・リスクの5割については，貿易保険でカバーすることになります。

（2）貿易保険制度

　経済産業省系の独立行政法人から株式会社化したNEXIですが，全株式を政府が保有しています。貿易保険法によって定められ，実質的な国営保険会社となっています。また，原則として輸出契約などの全額保証ではなく，5％から10％程度は輸出者が負担する必要があります。輸出者は保険事故を未然に防ぐよう努力し，保険金受領後であっても債権回収を積極的におこなわなければならない制度になっています。

図表12-3　主な貿易保険の種類

個別保険	貿易一般保険（全体の97％を占める）	案件毎に利用できる。日本からの直接輸出や日本以外から出荷する貨物（仲介貿易）も対象で転売できないような特殊仕様の貨物の船積み前リスクもカバーする。
	中小企業・農林水産業輸出代金保険	中堅・中小企業や農林水産業従事者が利用できる保険。1回の取引額が5,000万円以下。日本からの輸出のみ。船積み後のカバーのみ（船積み前のリスクはカバーされない）。
	限度額設定型貿易保険	特定の海外取引先と定期的に一定額の取引がある場合に適した保険。取引先毎に1年間有効な保険金支払額を設定できる。日本以外から出荷される貨物もカバー（仲介貿易）。
	輸出手形保険	荷為替手形が満期日に不払いになった損失をカバー。被保険者は荷為替手形の買い取り銀行。
モノ以外輸出	知的財産権等ライセンス保険	特許権や著作権等に関わるライセンス契約を対象とする保険。
	貿易一般保険	海外向け技術や役務の提供契約を対象とする保険。包括保険，個別保険がある。
輸入保険	前払輸入保険	契約に基づき代金を前払いした貨物が輸入できず，前払金の返還を請求したものの返還されない損失をカバー。貨物自体の毀損，輸入できなくなったことにより受ける損失は対象外。
投融資保険	海外投資保険	海外投資を対象としてカントリー・リスクにより発生する損失をカバーする保険。保険期間は2年から30年の間で任意設定。
	海外事業資金貸付保険（劣後ローン特約）	日本から海外の出資先企業（子会社等）への①直接貸付，②子会社等の借り入れに対する保証債務，が対象。カントリー・リスクをカバー。
	貿易代金貸付保険（2年以上）バイヤーズ・クレジット	輸出等代金支払い資金への融資等についての保険。OECD輸出信用アレンジメントに準拠した貸付契約等であることが条件。
	海外事業資金貸付保険	海外事業に必要な資金に対する貸付等についての保険。本邦金融機関の外国法人等からの貸付等も保険対象とすることができる場合がある。

（資料）NEXIウェブサイトより作成。

第**12**章　リスクの対処

章末テスト

〔設問54〕海上保険が対象とするリスクについての記述として，<u>誤っているもの</u>を次のなかから1つ選びなさい。

①貨物の水濡れ

②船上火災

③取引相手の倒産

④貨物の盗難

⑤艀での荷役中の事故

〔設問55〕貿易保険が対象とするリスクについての記述として，<u>誤っているもの</u>を次のなかから1つ選びなさい。

①貿易相手が契約を破棄した。

②貿易相手国が国連経済制裁の対象となり取引できなくなった。

③荷下ろしの際，ガントリークレーンから貨物が落下し売り物にならなくなった。

④相手国の輸出規制が変更され輸出できなくなった。

〔設問56〕海上保険がCIF価格を上回る額を損害対象として付保できるのに対し，貿易保険での求償率は輸出保険の場合は9割程度となる。この理由について，<u>正しいもの</u>を次のなかから1つ選びなさい。

①国営保険会社なので財源が厳しいから。

②輸出者に積極的に債権回収のための努力をして欲しいから。

③信用危険に関わるリスクは貿易取引のリスクのなかでも最小だから。

④カントリー・リスクに関わる事故は発生率が低いから。

第13章

国境貿易

　国境を越えた商取引のことを貿易といいます。この国境は私たち日本人にとっては海の上にあるもので，日本が貿易する際は自ずと船か飛行機を使わなければなりません。一方，世界では欧州などが好例ですが陸上で他国と接する国がたくさんあります。

　国境の境という字の部首をみると，偏は「土」なので陸地であることを連想させます。旁の「竟」は，おわり，果て，最後であることを意味します。つまり，国境とは陸上での（国の）領域が終わる場所という意味です。

　閑話休題③のコラムでも述べたように，日本語の「川（かは）」も，「ありか」，「すみか」のように場所を示す「か」と，端を意味する「は」が組み合わさったものです。こちら側の生活領域の端に川が流れているのです。現在も東京と神奈川の間に多摩川，東京と千葉の間に江戸川といったように県境には川が流れています。また，渓谷や山地，湖などの地形が「境」となっていることもあります。

　このほか，アフリカ大陸の各国を隔てる国境線は直線が多いことに気付きます。西洋植民地の後，領域国家の概念が世界常識となって，アジアやラテン・アメリカ，アフリカなどで地理的条件とは関係なく直線的な国境線が画定されているケースがみられます。

　いずれの国境も私たちの目にはその「線」はみえません。往来のための地点であれば，どこが国境かという線が示されていますが，ジャングルや山間地，川の真ん中に線が引いてあるわけではないのです。古来，両地域にまたがって生活してきた人々や焼き畑農業による居住地の循環的な移動をしてき

た民族は，ある日突然，国境線によって隔てられてしまったのです。

　周囲を海に囲まれた日本には陸上国境はありません。海の外はその名のとおり海外で，「水際対策」が「国境対策」と同義となるような地理的特性に恵まれています。多くの国では陸上国境は頻繁に紛争地域となる場所でしたが，日本は国防に関わる心労と物的負担を最低限に抑えることができたのです。

　では現代の国境はどのようになっているのでしょうか。紛争地域や関係が悪い国同士の国境線は当然のことながら閉鎖されていたり，にらみ合っていたりと安全保障の最前線となります。通行することを前提としていない国境線ともいえます。一方で，両国の関係が良好で，観光客やビジネスマンの往来，貿易が活発な国境もあります。こうした国境は経済の最前線でもあり，そこに暮らす貿易商や観光業従事者の生活を豊かなものにしています。

　国家としては陸上国境地域を放置しておくわけにはいきません。今は領域国家といって国境線を明示して自国領土を保持することが主権国家の大事な仕事の１つだからです。このため，国境地域では公共工事がおこなわれ，住宅地，商業地，教育・文化施設の整備がおこなわれます。実効支配していることが重要ですので，自国民がその地に定住して経済活動を営めるように優先的な政策をとる国が多くみられます。例えば日本の八重山諸島でのサトウキビ生産に国から補助金や奨励金が出ているのも，島で経済活動を営む日本人が安定した暮らしを維持できることが実効支配にとって重要だからです。陸上国境を持つ国では，その地域で経済活動を営む自国民がいなかったら，いつの間にか隣国の人が入ってきて畑を作ったり，道路を作ったりして経済活動をはじめる可能性がないわけではありません。両国は向かい合う国境線の両側において，それぞれが実効支配を維持するために，公共投資をおこない，移住政策を導入し，国境経済圏での暮らしをよりよいものにしようと，さまざまな国境地域の振興策を実施しているのです。

　さて，本章ではこの陸上国境線に隔てられた両国にまたがる**国境経済圏**についてみていきます。

1 国境ゲートの種類

　陸上国境ゲートの一般的な形態について説明します。私たちが航空便で外国にいく場合，先ず日本国内の国際空港で税関・検疫，安全検査，出国審査をしてから航空機に乗り込みます。出国時の税関・検疫は簡易なものが多く，ほとんど意識することはないと思います。飛行時間はいき先によりますが数時間の後，目的国の都市に着陸して，同じようにパスポートを提示して入国審査，税関・検疫，安全検査の後，空港の外に出ることができます。

　陸上の国境ゲートでも基本的にやることは同じです。税関・検疫，出国審査の後，徒歩で国境線に向かうのが普通です。国境線の手前にはゲートがあり，軍人などの警備員がいます。このゲートを抜けると**緩衝地帯**があります。緩衝地帯は数10メートルから数キロメートルに及ぶこともあります。例えば，中国とタジキスタンの国境は標高4,000メートルを超える山脈の尾根，つまり山頂にあります。国境は風雪や低温といった厳しい自然環境によって1年の半分以上が閉鎖されています。通行したくても気象条件がそれを許さないのです。山の頂上が国境線ですので，5合目付近にある国境事務所を出てから山頂の国境線まで十数キロメートルもの緩衝地帯があるのです。

　中国の国境ゲートを例にみると，パスポートを持つ第三国の外国人や自国民が通行可能な国境ゲートは，国際空港や国際港湾と同様に**国家級国境ゲート**として運用されています。私たちがパスポートを持っていけば出入国が可能な国境です。ただし，国によっては外国人に対し出入国ポイントを空港に限定している国もあるので注意が必要です。

　こうした国家級国境ゲートでも貿易貨物を取り扱っています。後述する地方級国境ゲートが，農水産物や日用品，消費財などを多く扱っているのに対して，国家級国境ゲートは施設が近代化されていることや，両国とも国境地域までの道路インフラなどを整備していることもあり，工業製品の完成品や部品などコンテナに積んだ輸出入貨物の往来が盛んです。例えば，中国広東省から電子

部品を満載したコンテナ・トラックがベトナムに入国する際，国境地域でトラクター・ヘッドとシャーシをベトナムのものに切り替えます。なお，陸上国境での貿易貨物の積み替えは「輸入国側」で実施するのが原則となっています。

また，**国境貿易**を専門とする**地方級国境ゲート**もあります。例えば，中国とベトナムの間には陸上国境に国家級国境ゲートは数カ所しかありませんが，地方級国境ゲートは数十カ所あります。ここはパスポートを持っていても外国人は通行できません。国家ではなく県や市レベルの地方局が直接担当する貿易専用ゲートです。人の往来は，**国境住民**とトラック運転手のみ可能です。

国境線から20キロメートル以内に住む住民が国境住民として認定され，商用や民族の祭典，通院などで隣国との間を往来可能とされています。国境住民たちは**国境通行証**を保持していて，自由に両国を往来できます。ただし，パスポートではないので相手国に入っても日帰りが前提で，相手国の国境地域を通過してその他の都市などに移動することはできません。国境住民のなかにはトラックを使わずに小口貨物としてリアカーや自転車，天秤棒などに荷物を載せて運ぶ荷役たちの姿も多くみかけます。実は，トラック輸送する場合，**国境企業**として認定された企業の貿易取引は，**国境企業貿易**として優遇関税が適用されます。しかし，一般の企業であれば関税優遇がないため，物品によっては隣国輸入時に高い関税が課されます。貿易企業はこうした関

図表13-1　国境貿易の仕組み

国境住民貿易	国境企業貿易
●個人による貿易 ●15万円／日，程度の携行物品の関税を免除 ●国境地域の雇用創出，住民の生活保障のための政策 ●国境住民は親戚が国境を隔てて居住していることも多く，親戚訪問，少数民族である場合は民族の祭典，通院なども認められる。	●国境線20キロメートル内の企業に与えられる恩典 ●関税・法人税などが減免される。 ●国境地域の経済活動を活発化 ●国境地域への支店の設置が加速（旅行社，貿易会社，ホテル，商業施設など）

（注）中国の国境管理をモデルとした。
（資料）池部（2010）338〜340ページより作成。

図表13-2　一般的な国家級国境ゲートの図解

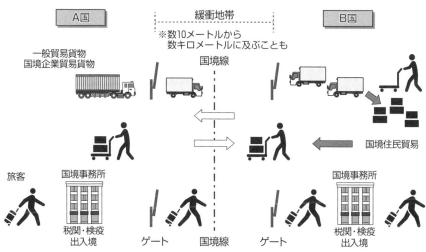

（資料）各種資料より筆者作成。

税を避けるため，輸出地側国境地域で荷物を下ろして小口化し，荷役たちに運ばせているのです。小口貨物を手荷物として国境住民が運ぶ場合，携行荷物として無税となるからです。こうした貿易形態を**国境住民貿易**と呼びます。

2 国境経済

　国境経済圏とはどのようなものでしょうか。そもそも，国境地域は大都市圏から離れた場所にあることが多いものです。ですので大都市を出て国境地帯にいくまでが一苦労なので，同じ道を帰ってくるのはとても無駄な気がします。しかし，仮に国境を越えて相手国側に入国したとしても相手国側の大都市までもまた，かなりの道のりを覚悟しなければなりません。

　隣接する国の経済水準がお互い同等であるならば，言語や文化が異なるにしても，生活水準が似ているので国境経済圏に文化的な差異の他，特徴的な

違いはあまりみられないでしょう。欧州の国境の様子をテレビでみると，国境地域は高速道路の料金所のような検問所があるだけです。一方で，貧しい国と豊かな国が陸で接している場合，国境経済圏にはある特徴がみられます。アジアの国境地域では，例えば，カンボジアとタイ，中国とミャンマーなどです。

　図表13-3は豊かな国と貧しい国が陸で接する場合の国境経済圏を図解したものです。豊かな国は工業製品を輸出し，貧しい国から一次産品を輸入します。国境住民貿易では貧しい国の国境住民が荷役として荷物を担いで１日何往復もしていることでしょう。また，貧しい国の国境地域にはカジノや免税店，リゾート・ホテル，ゴルフ場など，観光開発がされていることもあります。

　カジノは賭博場ですので，どの国も自国にカジノを作りたくありません。自国民が賭博に夢中になり，破産や窃盗などの社会不安につながることを警戒するからです。このため，ほとんどの国でカジノは禁止されています。カジノで遊びたければ海外旅行にいくしかありません。そこで隣接する貧しい国の国境地域に投資をしてカジノを作れば，豊かな国の人たちは遊びにいきやすく

図表13-3　国境経済圏の概観

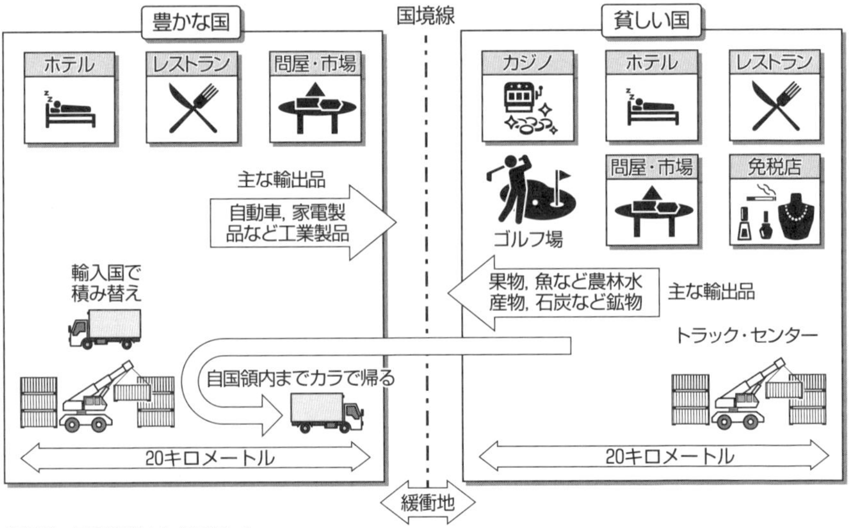

（資料）各種資料より筆者作成。

148

なります。カジノだけでなくゴルフをしたり，食事をしたり，免税店で買い物もできます。パスポートを持って，飛行機に乗ってわざわざ遠くの国へいくのではなく，陸上国境で隣接する外国であれば旅行証だけでの往来も可能です。

　隣国からの裕福な人たちが国境地域でお金を使えば，経済的な恩典は貧しい国の人たちにももたらされます。タイとカンボジア国境地域のカンボジア側や中国とミャンマーのミャンマー側にはカジノがみられます。貧しい国の国民は大都市から離れた国境地域までいくことは少ないですし，貧しい国の政府はカジノへの自国民の入場を禁止していることが多いのです。カンボジアでは国境事務所を出て国境線までの間の緩衝地域にカジノがあり，自国民は容易に入れないようになっています。

　さて，国境経済圏が利用者にとって便利で魅力的な地域になったとしても，国境は両国間を結ぶ交通の要所です。国際輸送で陸上国境をまるで高速道路の料金所のように通過できるようになるでしょうか。円滑に国境ゲートを通過できるのであれば，そこに立ち止まって給油したり，食事をしたり，カジノに寄ったりする人は減るでしょう。すると国境経済は衰退します。国境は一定程度の抵抗値を持った国家主権の最前線としてそこに立ちはだかっているからこそ，その存在意義があるのです。

章末テスト

〔設問57〕中国の国境地域についての記述として，<u>誤っているもの</u>を次のなかから
　　　　　1つ選びなさい。

①陸上国境のうち，地方級国境ゲートでは第3国の外国人の隣国間の往来はでき
　ない。

②国境地域の実効支配を維持するために政府はさまざまな振興策で自国住民の国
　境地域への定住を支援する。

③豊かな国に接する貧しい国は国境地域にカジノ投資を認め，経済的恩典を享受
　している。

④国境経済圏がさらに潤うためには，ヒトやモノが通過する際の抵抗値を限りな
　くゼロにする方がよい。

閑話休題④　中国＝ミャンマー国境地域の旅

通院する国境住民

2014年の春，中国雲南省の瑞麗市を訪ねました。瑞麗市はミャンマーとの国境の町です（地図11-1参照）。国境は大都市から離れたところにあるのが普通です。今回も国境にたどり着くまで長旅でした。昆明から西方に向け空路で約1時間，徳宏芒市空港という田舎の空港に降り立ち，空港で乗り合いの車と交渉してさらに西に向かいます。川幅50メートルくらいの芒市河に沿うように走る国道320号線をいくと約2時間で瑞麗市に着きました。途中，建設中の高速道路の高架がそびえ立つようにして私たちを見下ろしていました。これは中国が雲南省を起点にミャンマーの海岸線（ベンガル湾）までを高速道路とパイプ・ラインで結ぶ計画の一部区間です。中東産原油を最短距離で中国内陸部まで輸送できるようにするためです。

昆明空港。中国の空港や施設は巨大（2014年3月）

瑞麗市は人口15万人ほどの県級市で，周辺の山岳地域にはゴムのプランテーションが広がっていました。ここから数キロメートルほど先に進めば，姐告というミャンマーとの国境ゲートがあります。姐告の街はまさに国境事務所がある町で，以前はミャンマーの領土だったものを中国が「買い取った」と地元の

瑞麗（ルイリー）の街中（2014年3月）

タクシー運転手は話していました。真偽は不明ですが，なんでも架橋技術と資金がミャンマー側にないため，中国が肩代わりをして，貿易幹線路として整備をし，その見返りとして一部の土地を中国側が獲得したということのようです。

姐告の町にはミャンマー人の建設労働者や荷役たちが目立ちます。国境通行証

を使ってミャンマー側から中国側に越境しこれから産婦人科にいくという妊婦に出会いました。中国語が通じるのでしばし立ち話をしました。彼女は在ミャンマー華人でミャンマー側の医療事情が劣悪なので中国側で出産したいのだといいます。彼女が手にしている手帳は「国境住民通行証」でした。夫と思われる男性が運転するミャンマー・ナンバーの車が遅れて越境してきて妊婦を乗せて姐告の町に入っていきました。ここではミャンマー・ナンバーの車も国境住民のものであれば中国（瑞麗市内のみ）へ乗り入れ可能なのです。

姐告のミャンマー国境。鉄柵の向こうはミャンマー。ところどころに空いた穴から往来する人も多い。碑は「最果ての地」の意味（2014年3月）

国家級国境ゲートの中国側（2014年3月）

ミャンマーへの日帰りツアー

　翌朝，姐告から中国人のツアーに紛れ込む形でミャンマーのムセーに入国しました。先ず一人でミャンマー側に入り，国境地域をぶらぶらしていると漢字の看板が掲げられた華人系のドライブ・インのような食堂がありました。立ち寄ると，なかで華人の女の子たちが数人でミルクティと揚げパンを食べていました。手招きをするのでそちらのテーブルに同席すると，朝ごはんを分けてくれるのです。気のよい娘たちでビルマ語と中国語を話すことができるようです。聞けば中国の大躍進の時代（1950年代）の混乱で祖父がミャンマー側に逃避してきた華人3世とのことでした。皆20代前半でよく笑う気のよい娘たちで，話によると旅行ガイドをしているといいます。中国とミャンマー両政府は旅行許可証の発行条件として旅行者にミャンマー人ガイドの同行を義務付けています。制度上は中国人客一人に対してガイドが一人必要なのだといいます。両国の経済格差を考えれば不法な長期滞在や就労をする中国人はいないでしょう。つま

り国境地域の旅行ガイド同伴義務付け措置は，中国人の見張り役というよりは旅行業界の雇用創出の意味合いが大きいように思えます。

　ガイドの一人が「もうすぐ中国人のお客さんが何組か来るからあなたも一緒にマイクロバスで観光する？」というので，二つ返事で参加させてもらうことにし，いくばくかの必要経費を人民元でガイド

ムセーの目抜き通り。中国語の看板が目立つ。ミャンマー産の翡翠（ヒスイ）の原石を売る店が多い（2014年3月）

に払って中国人客の到着を待ちました。しばらくすると，山東省からの老夫婦，上海の中年夫婦，天津の会社の従業員だという男性4人のグループが茶店にやってきました。どうやらこの人たちと合流することになったようです。私が日本人だと知ると天津から来た角刈りのおじさんは自分のパスポートを私にみせ，「この間，東京，名古屋，大阪にいってきたけど，日本は本当にいいところだった」と感想を述べました。とても気さくな人たちで「これ食べるか？」とお菓子をくれたり，昼食時もおかずを次から次に私の碗に入れてくれました。上海夫人は「今まで色々旅行をしてきたけど，今回のミャンマー国境地域は最低だ」と毒づいています。聞くと，食事が不味く，トイレが汚い上，買い物したくても全部中国製品だからだというのです。上海旦那はニコニコと奥さんの旅行評を聞くだけで特に反論する様子もありませんでした。

　山東省の老夫婦と思っていた夫婦はよくみると年齢的には50代半ばくらいで

ミャンマー側ムセーの市場。食品以外はほぼ中国製の雑貨。売主もほとんど華人（2014年3月）

した。昼食時に隣り合わせ，身の上の話をしていると，私が大学教員であることを知り，「娘が日本に留学したいといっている。今度相談に乗ってくれないか」と私の湯飲みにお茶を入れながら小声でいうのです。

ミャンマー華人の悲哀

　私たちは中国からの旅行客8人と私，

そしてガイドが6人という団体で観光しました。寺院や市場，少数民族村など
を見学して回りました。私はミャンマーの街や人々の様子も面白かったのです
が，それ以上にこれら中国人旅行客と同じ目線でミャンマーをみて回れたこと
が収穫となりました。天津の角刈りおじさんは華人の女性ガイドに向かって「中
国籍捨てない方がよかったんじゃないか？」とデリカシーのないことをいいま
した。華人のガイドは「当時は中国よりもミャンマーの方がはるかに裕福だっ
たそうよ。だから祖父もミャンマーに移民したの。でも今は私たちはミャンマ
ーでも正式なミャンマー人として扱われず，中国にも中国人とは扱われず宙ぶ
らりんなの」と悲しげにいいました。移動中の車内は，ガイドの答えの後静ま
り返りました。車窓からみえる土埃舞う小麦畑を眺めながら帰路についたので
した。

ミャンマー側ムセー郊外の寺院（2014年3月）

中国系ミャンマー人ガイドと少数民族村の首長
族の少女（2014年3月）

第14章

自由貿易と世界

　戦後世界は**比較優位**に基づく**国際分業**を是として，自由貿易化に向け邁進してきました。2000年代には二国間FTAの締結が加速し，各国は競合国に負けない通商条件を獲得するために積極的に貿易の自由化を進めてきました。そして2010年代には**環太平洋パートナーシップ（Trans-Pacific Partnership: TPP）協定**やASEAN経済共同体（**ASEAN Economic Community: AEC**）の発足，2020年には東アジア**RCEP協定**が締結されました。

　こうしたFTAは経済統合に向けた第一歩となります。お互いの市場を提供し合い，協定国間の貿易をより緊密にすることになります。そして，FTAは新たに参加を希望する国を取り込みながら大きくなっていきます。その好例が**欧州連合（EU）**，TPP，RCEPなのです。しかしながら，アメリカでは保護主義，アメリカ第一主義を掲げるトランプ大統領が就任し，英国はEUからの離脱を意味するBrexitを国民投票で僅差でしたが可決したのです。

　現在，戦後世界が推進してきた自由貿易は踊り場を迎えています。さらなる貿易自由化に向かうのか，各国が保護主義に傾斜していくのか，という分岐点にあります。第二次世界大戦の歴史を思い起こせば，通商問題は今や安全保障の問題でもあるので，保護主義化は何としても避けなければなりません。

　本章では自由貿易がどこへ向かうのか。さまざまなメガFTAと呼ばれる大型の協定を確認しながら展望します。

1 メガFTAの時代

　何カ国以上が参加すればメガで，さらに何カ国以上だとギガになるといった定義はありません。概ね10カ国程度を超える規模のFTAであれば「メガFTA」と呼ばれています。

（1）ASEAN経済共同体（AEC）

　アジアのメガFTAとしては，ASEAN10カ国が域内経済統合を目指す**AEC**があります。ASEANの自由貿易に関する協定としては**AFTA**（**ASEAN Free Trade Area**）や**ATIGA**（**ASEAN Trade in Goods Agreement**）があります。AECは2015年末に発足が宣言されましたが，FTAによる物品貿易が自由化された段階で，投資や人材の移動の自由化は進んでいません。また，各加盟国の域内関税が撤廃されたのはよいのですが，逆に域内輸入が増加するのを防ぐために輸入品検査の厳格化などの**非関税障壁**を拡大する国が出てくるなど自由貿易に逆行する動きも報告されています。

　それでもアジア地域内で10カ国が物品貿易で関税撤廃をほぼ完了していることは事実です。アジアの自由貿易を推進する**ASEANの中心性**（**Centrality**）が内外から強く認識されるようになってきました。

（2）地域包括的経済連携（RCEP）

　RCEPは，ASEAN10カ国と日本・中国・韓国・オーストラリア・ニュージーランド・インドを加えた16カ国で2012年から交渉がつづけられてきました。実現すれば巨大な経済圏となる他，日本・中国・韓国との間でのはじめてのFTAとなる点，大国である中国とインド間でもはじめてのFTAとなる点が注目されてきました。しかし，インドは中国をはじめとする国々からの輸入が急増して自国産業が守れなくなることを懸念し交渉には終始消極的だったと伝えられます。交渉は難航をつづけ，2020年秋にインドを除く15カ国

で大筋合意に達し，同年11月に締結し，翌2022年1月に発効しました。

　RCEPの経済規模は2018年時点の貿易データで，全世界輸出の25.4％，輸入の30.0％を占めます。そして，世界全体のGDPの31.2％，人口の29.7％を占める巨大な経済圏となり，GDPと人口では世界最大のFTA地域となります。ちなみに，貿易額の規模が最大になるFTAは，日本と欧州との間の**日欧EPA**で，世界輸出の33.3％，輸入の33.9％を占めます。

（3）TPP（CPTPP）

　TPP協定は少し複雑な経緯を辿っています。2006年にシンガポール・ニュージーランド・チリ・ブルネイの4カ国による**P4協定**が発効しました。物品の貿易関税の即時撤廃・サービス・知的財産・金融・労働など幅広い分野を対象とする協定で，高次元の自由化を目指した協定です。2008年になるとアメリカがこれに参加することを表明し，**TPP協定**として交渉をおこなうことになりました。同年末にはオーストラリア・ベトナム・ペルーの交渉参加が決まり，2010年にはマレーシア，2012年にカナダ・メキシコ，2013年には日本が交渉に加わり，12カ国による自由化レベルの高いFTA交渉が開始されました。

　TPPは，巨大市場アメリカが大きな魅力であるとはいえ，あまりに野心的なFTAであることから，多くの国が「TPPは絵に描いた餅」に終わると考えていました。しかし，2015年に12カ国による交渉がほぼ終わり，大筋合意したことが発表され世界を驚かせました。2016年には議長国であるニュージーランドに各国の経済閣僚が集い署名がおこなわれ，TPP協定が締結されたのです。

　ここでFTA協定が発効するまでの過程をみていきましょう。参加国は数カ月，数年に及ぶ交渉を経て**大筋合意**とか**大枠合意**に達します。その後，数カ月以内に協定に署名し，**締結**された協定が各国に持ち帰られます。各国で協定実現に必要な国内法整備を進め，国会で同協定への批准可否が採決され，可決されれば議長国に**批准**の通知をおこないます。協定の発効要件を満たす

加盟国の批准が出揃った段階で協定が**発効**します。一般的に協定締結から発効までは2年近くかかるとされます。

　さて，TPPは各国が国内で可決の準備をしている時期に当たる，2017年1月，アメリカでトランプ大統領が就任すると，TPPからのアメリカの離脱が決定されました。TPP協定は加盟国のGDP規模に応じて一定の割合を占める国々の批准が完了したら60日後に発効するとされていました。発効要件はGDPの規模が大きいアメリカと日本のいずれか1国が抜けると発効できないようになっていました。もしTPP12が実現していれば，2018年の数値で，世界輸出額の27.0%，輸入額の24.0%，GDPの37.7%，人口の11.0%を占め，特にGDPで世界最大の経済圏が誕生していました。

　アメリカが離脱することとなったTPP協定について，加盟国はTPP11として早期に発効させることで合意しました。当初のTPP協定のうち，20項目に関してアメリカが復帰するまで，実施を「凍結」することにしたのです。

図表14-1　アジアのメガFTA

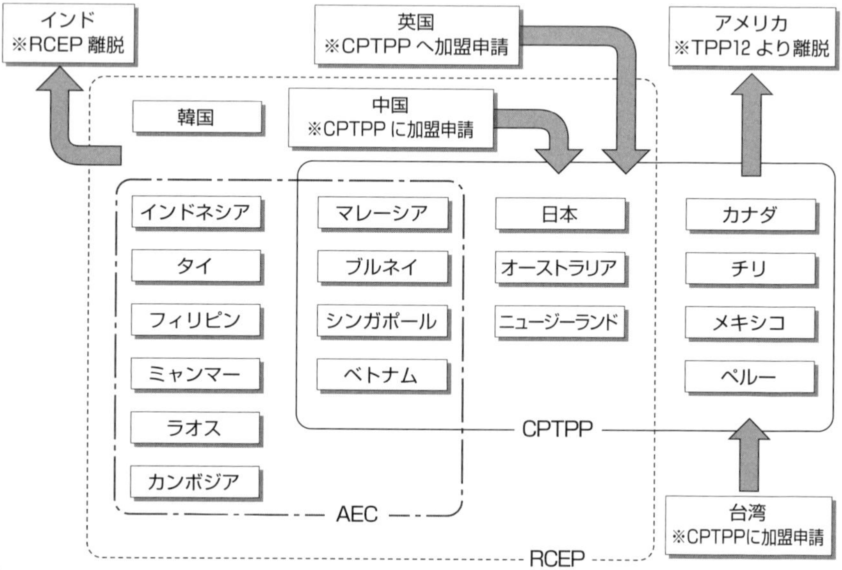

（資料）各種資料より筆者作成。

削除ではなく凍結としたことの意味は，将来アメリカがこのTPPに帰ってくることを想定しているからです。そして**CPTPP**，もしくは**TPP11**という新しい名称を定め，日本では2018年末に発効しました。

　CPTPPは2021年にも大きな動きを見せました。同年9月に中国と台湾が相次いでCPTPPへの加盟を正式に申請したのです。今後，米国の復帰を視野に英国，中国，台湾の加盟をどのように扱うのか，難しいかじ取りが要求されています。

2 FTAの効果

（1）ドミノ効果

　二国間でFTAが結ばれると，それらの国と緊密な貿易関係のある他の国もFTAを結んでより有利な貿易条件を獲得しようとします。また，二国間だったFTAに他国が参加を表明すると，さらに他の国も自国が不利とならないようにするために連鎖的に同じFTAに加わろうとします。こうしたFTAの効果を**ドミノ効果**と呼びます。先述のP4協定（4ヵ国）にアメリカをはじめ多くの国が加わり，最終的にはCPTPP（11ヵ国）へと拡大したことが好例です。

（2）貿易創出効果

　これまでA国がB国から輸入していなかった物品に関して，FTA関係を結んだことで関税が下がり，A国がB国から新たな貿易品を輸入するようになります。これを**貿易創出効果**と呼びます。例えば，日本とチリがFTAを結んだことで，それまで日本ではあまりみかけなかったチリ産ワインやチリ産ブドウなどが売られるようになりました。これまでは見落とされてきたチリの有望商品がFTAによる関税引き下げで改めて商機を得て輸入されるようになるのです。

（3）貿易転換効果

　A国がB国とFTAを結んで関税が下がると，これまでFTA関係のないC国から輸入していた物品よりもB国からの輸入に切り替えた方が，関税率が低くなる分，安価に輸入できます。こうして関税の低い国へと輸入先を切り替えることを**貿易転換効果**といいます。

　例えば，アメリカが対中輸入関税を大幅に引き上げました。するとアメリカの輸入者は中国からではなく，ベトナムなど他国産品へと輸入先を切り替えます。あるいは，中国で生産してアメリカに輸出していた工場などは，中国生産を止めて他国へ工場を移転させます。貿易転換効果によって最終的には生産立地の転換も引きおこされます。

（4）FTAの厄介な問題とCPTPP

　FTAが乱立したことで厄介な問題も起こります。先述したように**スパゲッティ・ボウル現象**がその典型です。FTAを利用する輸入企業はさまざまなFTAを比較して最も有利なFTAを選ぼうとします。しかしながら，関税率が有利でも原産地証明の取得規則が厳しい場合，書類を揃えたりする手間がかかります。原産地証明の取得が面倒であることからFTA利用を諦める企業もあります。

　現在の日本のFTA・EPAの発効状況は図表14-2のとおりです。輸出入のFTAカバー率（FTAを結んでいる相手国との貿易額が日本の輸出入額全体に占める割合）は52.4％とされます。実に貿易の半分においてFTAを利用できるのです。しかし，日本企業の輸出入におけるFTAの利用については，約2割の企業が「利用できていない」と回答しています。FTAを利用するためには，そのFTAが決めている原産地規則を満たしていることを証明する必要があります。そして，原産地証明書の取得手続きは輸入者ではなく，輸出者にお願いすることになります。また，原産地証明の申請時には煩雑な手続きや書類作成の負担を輸出者は強いられます。輸入者と輸出者の関係にもよります

が，少量の貨物であるならば，「従来のWTOの関税にしましょう」と最も簡単な原産地証明を選択するようになり，低関税で有利な協定税率が使えるにもかかわらず，FTA利用を諦めてしまうのです。

例えば，日本はベトナムとの間に，先ずWTOのMFN税率，二国間EPAの税率，ASEANとのEPA税率，CPTPPの税率，RCEPの税率と，5つの協定税率が存在します。高次元の自由化をうたうCPTPPは関税が最も低率（原則無税）で，原産地証明の要件も最も簡易なものが採用されています。つまり，CPTPPがまだ発効していない時，貿易関係者はどのEPAを利用するべきかを「関税率と原産地証明の取得難易度」から判断する必要がありました。CPTPPが発効しているのであれば，輸入者はどのEPAが有利かということ

図表14-2　日本のFTA・EPAの発効状況

発効年月	EPAの相手国・地域
2002年11月	シンガポール
2005年4月	メキシコ
2006年7月	マレーシア
2007年9月	チリ
2007年11月	タイ
2008年7月	インドネシア，ブルネイ
2008年12月	ASEAN，フィリピン
2009年9月	スイス
2009年10月	ベトナム
2011年8月	インド
2012年3月	ペルー
2015年1月	オーストラリア
2016年6月	モンゴル
2018年12月	TPP11
2019年2月	EU
2022年1月	RCEP

（注）日本はFTAのことをEPAと呼んでいる。
（資料）経済産業省『通商白書2020』および報道などより作成。

を考える必要はなく，CPTPP一択となるのです。これがCPTPPが画期的な
FTAであるといわれる所以なのです。

3 Leave no one behind

2000年以降，世界通商秩序のなかで二国間・複数国間FTAが主流となっ
てきました。しかし，アメリカの保護主義化やBrexitなど，自由貿易には
逆風も吹いています。また，原産地証明の取得など複雑で専門的な貿易実務
の知識が必要なFTAは，貿易人材が少ない中小企業にとってハードルの高
いものとなっています。ここでは，自由貿易の**恩恵から取り残されるものがい
ないようにする（Leave no one behind）**にはどうしたらよいか考えていきます。

（1）市場アクセスと市場開放

FTAは外国に自国産の物品を輸出するのに有利となります。相手国が輸
入関税を優遇するからです。輸出者にとって輸出市場へのアクセスがよくな
ることを**市場アクセス**を得るといいます。一方で，市場アクセスを得るのは
相手国も同じですので，自国は**市場開放**をしなければなりません。市場アク
セスと市場開放は**互恵の原則**にあるのです。これまで，財閥，国有企業など
が独占し寡占状態にあった国内市場の既得権益にメスを入れ，外国企業が参
入できるようにします。また，金融・保険・輸送・小売りなどのサービス産
業の市場も自由化して外国企業の参入を受け入れる必要があります。開発途
上国などでは都市部の小売り業は中間所得層以下の人々が生業としています。
これを外資に開放して大型スーパーやコンビニエンスストアが大規模に展開
すると自国企業や個人は太刀打ちできないでしょう。市場アクセスと市場開
放という相反する機会をFTAは提供しているのです。

（2）中小企業と大企業

　先述のとおり日本企業のうち，FTA・EPAを利用できていない割合は約
２割でした。うち大企業は16％であるのに対し，中小企業は24％になります。
やはり中小企業が利用したくてもできない状況に置かれているのです。

　この１つの解決策は本章でもみたとおりCPTPPのような高次元なFTA
です。関税は原則無税であり，手続き面の簡素化によって中小企業でも使い
やすいFTAとなっています。また，中小企業が貿易する際の取引コストの
低減として，越境ECも１つの解決策となるでしょう。貿易取引に関わるさ
まざまなコストを低減し，手続きの簡素化，決済の安全性向上など，もはや
貿易は特別な能力や知識がなくても中小企業や個人が参入できるシステムへ
と転換が進んでいるのです。

（3）農林水産業と工業・サービス

　第一次産業は自然環境から離れることができません。つまり，FTAや
EPAで市場が開放されると，工業やサービス業であれば日本市場から離れ
て外国へ工場を移転したり，海外市場を開拓してレストランを展開するとい
ったことが可能です。しかし，農業や林業などの第一次産業は生産立地の転
換ができません。生産性の向上によって海外製品に立ち向かうしかないので
す。生産性の向上も限界に近いのだとしたら，市場開放によって衰退の道を
進むしかありません。日本の場合，農業では株式会社化による経営規模の拡
大や技術革新による屋内栽培など生産性の向上も進みつつあります。

（4）保護主義の台頭

　戦後世界の通商秩序はアメリカと英国が主導して自由貿易化が推進されて
きました。しかし，アメリカ第一主義やBrexitなどの保護主義の逆風が吹
くようになってきました。また，米中対立のように大国間の貿易摩擦や技術
覇権の問題で企業が制裁を受けたり，技術の使用が禁じられたり，米中のデ

カップリング（分断）も進みつつあります。

　大国間の争いは個人や一企業が対処できる問題ではなく，企業は翻弄されることになります。恐らく，多国籍企業のグローバル・サプライ・チェーン（＝グローバルな供給網）が取り得るリスク・ヘッジの手段は，「分散」しかないでしょう。生産手段の分散，サービス拠点の分散などアメリカあるいは中国どちらかに大きく依存した経営体制としないことです。

　アメリカがTPPから離脱した後，日本が率先して各国を説得し，この協定を葬らずに再交渉してCPTPP（TPP11）として成就させたことは大いに評価できます。大国のきな臭い保護主義の応酬を警戒しつつも，日本をはじめ多くの国は引きつづき自由貿易を推進して魅力ある経済圏を構築していくことを改めて確認したのです。

　ただし，本章で扱ったように自由貿易は万能ではありません。自由貿易においていかれてしまう弱者が必ずいます。弱者をいかに救済しながら自由化も進めることができるのかが問われているのです。

章末テスト

〔設問58〕RCEPの締結国として，<u>誤っているもの</u>を，次のなかから1つ選びなさい。
　　①ニュージーランド　②中国　③韓国　④インド　⑤ブルネイ

〔設問59〕TPPの原型はP4協定である。この4カ国（原加盟国）に含まれない国は
　　　　　どれか。次のなかから1つ選びなさい。
　　①ブルネイ　②チリ　③オーストラリア　④ニュージーランド　⑤シンガポール

〔設問60〕米中対立によって中国の輸出生産拠点がベトナムに移転する現象がみら
　　　　　れる。FTAの効果で説明可能であるが，この効果についての記述として，
　　　　　<u>正しいもの</u>を次のなかから1つ選びなさい。
　　①ドミノ効果　②貿易創出効果　③貿易転換効果　④スパゲッティ・ボウル効果

〔設問61〕CPTPPに新たに加盟申請をした国はどれか。<u>正しいもの</u>を次のなかから
　　　　　1つ選びなさい。
　　①インド　②中国　③アメリカ　④ドイツ　⑤ロシア

〔設問62〕恩恵から取り残されるものがないようにするには？　についての記述と
　　　　　して，<u>誤っているもの</u>を次のなかから1つ選びなさい。
　　①自由貿易は相手国市場へのアクセスを獲得すると同時に自国市場の開放も求め
　　　られる。
　　②日本の中小企業の「FTAを利用できていない」比率は大企業よりも低い。
　　③トランプ大統領の就任，英国のEUからの離脱など自国優先主義を掲げる動き
　　　が起こった。
　　④越境ECは中小企業や個人の貿易参入時の障壁を引き下げる可能性がある。

第**14**章

自由貿易と世界

おわりに

　グローバル・ビジネスとトレードをみてきました。この本では貿易の仕組みや実務的な内容について，他の貿易実務の教科書ほど詳しく述べていません。仕事で貿易に関わる人はさらに詳しく貿易実務の勉強をする必要があります。通関士の資格や貿易管理の人材となるには，本書だけではとても及びません。もっと詳しく学びたいという人は巻末の参考文献のなかの書籍を読んでみることをお勧めします。

　一方，この本ならではの内容として，日本人にはなじみの薄い陸上国境の話，国境経済圏，自由貿易と世界の展望，閑話休題として挿入した旅のコラムなど，これから社会に出てグローバルなことに出会う人にとって有益であると考えた内容を盛り込みました。

　グローバル化の意味については，自分と異なる人・モノ・文化などに接し，自分をみつめなおすことだと私は考えています。多様性や異質性との出会いが改めて自分や自分の国を知るきっかけとなるのです。つまり，自分が何たるかを知るためには，異質で多様なものにたくさん出会う必要があります。これは外国に目を向けろという意味ではありません。日本国内にも多様性をたくさんみつけることができます。企業のグローバル化は自社の立ち位置や価値に改めて気付くことを促し，グローバル・ビジネスの経験値を積み重ねていくことで企業は競争力を高めていきます。

　世界の情勢は刻一刻と変化しています。日本の貿易も世界情勢に合わせて大きく変化してきました。私たちの生活は貿易と切り離して考えることはできません。私たちは必要最低限の暮らしを維持するエネルギーや食糧すら自国生産では賄えないのです。

　貿易は世界を知るための窓でもあります。貿易をとおして私たちはグローバル化し，自分自身の価値を高めることができます。本書が貿易の入り口に皆さんを誘い，貿易の向こうにある世界に興味や関心を抱くきっかけとなれたのであれば望外の喜びです。

参考文献

池部亮『東アジアの国際分業と「華越経済圏」：広東省とベトナムの生産ネットワーク』新評論，2013年。

――――「中越国境経済圏でみる中越経済格差の縮図」石田正美編『メコン地域国境経済をみる』アジア経済研究所，2010年。

石川雅啓『実践　貿易実務（第12版）』JETRO，2016年。

――――『新しい貿易実務の解説』文眞堂，2019年。

石田信博「アジアの国際物流システムと効率性」『同志社商学』第57巻第5号，pp.108－116，2006年。

梶浦雅己『はじめて学ぶ人のためのグローバル・ビジネス（改訂新版）』文眞堂，2016年。

嘉藤徹『倭の風』PHP研究所，1996年。

木村雅晴『図解　はじめての貿易実務』ナツメ社，2008年。

――――『図解　仕事の流れが一目でわかる！　はじめての貿易実務』ナツメ社，2014年。

椿弘次『入門・貿易実務（第3版）』日本経済新聞出版社，2011年。

山田晃久『貿易・為替の基本（第4版）』日本経済新聞出版社，2012年。

索引

数字・アルファベット

20フィート・コンテナ ……………………… 104
40フィート・コンテナ ……………… 101, 104

ADB ……………………… 117, 122, 123
AEC ………………………… 155, 156
AFTA ………………………………… 156
Agent ………………………………… 21
AIIB ……………………………… 122, 123
APEC ……………………………… 122
ASEAN ……………………… 42, 64, 156
ASEAN経済共同体（AEC） ……… 155, 156
ATIGA ……………………………… 156

B/L ………………………………… 77, 78
BOPビジネス ……………………… 62
Brexit ……………………… 155, 162
BtoB ……………………………… 67, 82
BtoC ……………………………… 67, 82

Carrier's Pack ……………………… 107
CFS …………………… 107, 109, 128
CIF ………………… 40, 44, 73, 75
Consignee ……………………… 78
CPTPP ………… 12, 42, 157, 159, 160, 164
CtoC ……………… 82, 105-107, 128

Dry Port ……………………… 128

EC ………………… 81, 82, 87, 88
EPA ………………… 42, 43, 96, 161
EU ……………………………… 155
EWEC ……………………… 117, 118

FCL ……………………………… 107
FDI ……………………………… 5
FOB ……………………… 40, 73-75
FTA ……………… 12, 42, 96, 155

GATT ……………………… 9, 10
GDP ……………………… 8, 64
GMS ……………………… 117
GSP ……………………… 96

HSコード …………… 40, 41, 64

IBRD ……………………… 8-10
ICC ……………………… 71
ICD ……………………… 104, 128
ICT ……………………… 4, 6
IMF ……………… 8, 10, 64
Invisible Trade ……………… 2
ISO ……………………… 76

JETRO ……………… 63, 64, 67
JICA ……………………… 117
JIS ……………………… 76

L/C ……………… 37, 77, 78
LCL ……………………… 107, 108
LDC ……………………… 43
LDC特別特恵措置 ……………… 43

MFN ……………… 9, 43, 161
Multimodal Transport ……… 103, 115

NEXI ……………………… 139, 140
NSEC ……………… 120, 121, 131

ODA ··· 117
ODM ·· 25
OEM ·· 25

P4 ······································· 12, 157
PB ·· 25
Principal ······································ 21

RCEP ······························· 12, 155, 156

SEC ·· 118
Shipper ·· 78
Shipper's Pack ······························· 107

TPP ···················· 12, 54, 155, 157, 158
TPP11 ··························· 12, 158, 161

UNCTAD ··································· 42, 64

Visible Trade ·································· 2

WB ··· 8, 10
WTO ································ 9-11, 42, 58

あ

アジア・インフラ投資銀行（AIIB）··· 122, 123
アジア開発銀行（ADB）········· 117, 122, 123
アジア太平洋経済協力（APEC）··········· 122
アンチ・ダンピング ··········· 10, 45, 56

一帯一路 ························· 116, 122, 123
一般的取引条件 ······························ 74
インコタームズ ·························· 71, 73
インドシナ ································· 116

海のASEAN ································ 116
運賃保険込み条件（CIF）······· 40, 44, 73, 75

越境EC ·························· 85, 87, 163

オイル・ショック ···························· 53

か

海貨業者 ·················· 19, 106, 107, 110
外国為替相場 ······························ 33
外国直接投資（FDI）··························· 5
海上運賃 ··································· 17
海上保険 ·········· 17, 40, 74, 75, 135, 136
海上輸送費 ············· 40, 74, 75, 101, 102
開発輸入 ··································· 24
価格条件 ························ 72, 74, 75, 77
加工工程基準 ······························ 98
課税標準 ··································· 44
為替差益 ··································· 33
為替差損 ··································· 33
為替相場 ································· 6, 9
為替リスク ····························· 33, 37
為替リスク・ヘッジ ························ 37
緩衝地帯 ·································· 145
関税 ···················· 4, 19, 39, 43, 44
関税番号変更基準 ·························· 97
間接経費 ·································· 101
間接貿易 ······························ 17-19
完全生産品基準 ···························· 97
環太平洋戦略的経済連携（P4）········· 12, 157
環太平洋パートナーシップ（TPP）····· 12, 54,
  155, 157, 158
ガントリー・クレーン ················· 105, 106
カントリー・リスク ················· 135, 139

基軸通貨 ··································· 33
技術覇権 ······························ 58, 163
基準相場 ··································· 33
季節関税 ··································· 45
規模の経済性 ······························ 18
基本税率 ······························ 39, 43
逆輸入 ····································· 24
協定関税 ······························ 42, 98
共同海損 ······························ 136, 137

緊急関税 …………………………………… 45
金本位制 …………………………………… 8

グローバル・サプライ・チェーン ……… 164
グローバル・マーケティング …………… 61
クロス・レート …………………………… 33

経済回廊 ……………………………… 116, 117
経済規模 …………………………………… 64
経済連携協定（EPA） …… 42, 43, 96, 161
経常収支 ………………………………… 6, 8
決済 ……………………………… 77, 78, 82, 83
原産地規則 ………………………………… 96
原産地証明 ………………… 75, 95, 98, 160
現地法人 …………………………………… 23

後発開発途上国（LDC） ……………… 43
コールド・チェーン …………………… 84
国際収支 …………………………………… 6
国際商業会議所（ICC） ……………… 71
国際通貨基金（IMF） ……… 8, 10, 64
国際復興開発銀行（IBRD） ……… 8-10
国際分業 …………………… 1, 2, 101, 155
小口配送 ……………………………… 84, 125
国定関税 …………………………………… 41
国内総生産（GDP） ……………… 8, 64
国連貿易開発会議（UNCTAD） ……… 42, 64
国家級国境ゲート ……………………… 145
国境企業 ………………………………… 146
国境企業貿易 …………………………… 146
国境経済圏 ……………… 144, 147, 148
国境住民 …………………………… 146, 151
国境住民貿易 …………………………… 146
国境通行証 ……………………………… 146
国境貿易 ………………………………… 146
個別的取引条件 ………………………… 74
コンテナ・ヤード ……………… 105, 106
コンテナ船 ……………………… 72, 103

さ

サービスの貿易収支 ……………………… 6
サービス貿易 …………………………… 26, 28
最恵国待遇（MFN） ………… 9, 43, 161
裁定相場 …………………………………… 33
在来船 ……………………………… 73, 103
差額関税 …………………………………… 45
先物為替予約 ……………………………… 35
先物相場 ………………………………… 35, 36
三温度帯輸送 ……………………………… 84
産業のコメ ………………………………… 56
産業保護 ………………………………… 39, 44

直物相場 …………………………………… 35
市場アクセス …………………………… 162
市場開放 ………………………………… 162
市場金利 …………………………………… 36
事前教示制度 ……………………………… 41
自然的条件 ……………………………… 3, 4
従価従量選択税 …………………………… 44
従価従量併用税 …………………………… 44
実質的変更基準 …………………………… 97
自動車摩擦 ………………………………… 57
社会的条件 ……………………………… 3, 4
従価税 ……………………………………… 44
自由貿易協定（FTA） ……… 12, 42, 96, 155
従量税 ……………………………………… 44
商工会議所 ………………………………… 98
情報通信技術（ICT） ………………… 4, 6
情報の非対称性 …………………………… 87
シングル・ストップ …………………… 121
信用危険 ………………… 135, 139, 140
信用状（L/C） ……………… 37, 77, 78

推定全損 ………………………………… 137
スパゲッティ・ボウル現象 ……… 97, 160
スプレッド ………………………………… 36
スポット・レート ……………………… 35

スライド関税⋯⋯⋯⋯⋯⋯⋯⋯⋯45

税関⋯⋯⋯⋯⋯19, 40, 95, 111, 121, 128
制裁関税⋯⋯⋯⋯⋯⋯⋯⋯⋯53, 56
生産委託⋯⋯⋯⋯⋯⋯⋯⋯⋯24, 25
生産要素⋯⋯⋯⋯⋯⋯⋯⋯⋯⋯3
製造物賠償責任保険⋯⋯⋯⋯⋯135
政府開発援助（ODA）⋯⋯⋯⋯117
セーフ・ガード⋯⋯⋯⋯⋯⋯⋯45
世界銀行（世銀，WB）⋯⋯⋯8, 10
世界銀行グループ⋯⋯⋯⋯⋯8, 9
世界の工場⋯⋯⋯⋯⋯⋯⋯⋯58
絶対全損⋯⋯⋯⋯⋯⋯⋯⋯⋯137
全損⋯⋯⋯⋯⋯⋯⋯⋯⋯136-138

相殺関税⋯⋯⋯⋯⋯⋯⋯⋯45, 56

た

第一次所得⋯⋯⋯⋯⋯⋯⋯⋯⋯6
対抗関税⋯⋯⋯⋯⋯⋯⋯⋯⋯45
対顧客相場⋯⋯⋯⋯⋯⋯⋯⋯34
代理店⋯⋯⋯⋯⋯⋯⋯⋯⋯17, 22
代理人⋯⋯⋯⋯⋯⋯⋯⋯⋯⋯21
多角的な貿易交渉⋯⋯⋯⋯⋯10, 11
単独海損⋯⋯⋯⋯⋯⋯⋯⋯⋯137

地域包括的経済連携（RCEP）⋯⋯12, 155, 156
地方級国境ゲート⋯⋯⋯⋯⋯145
駐在員事務所⋯⋯⋯⋯⋯⋯22, 23
直営店⋯⋯⋯⋯⋯⋯⋯⋯⋯⋯82
直接貿易⋯⋯⋯⋯⋯⋯⋯⋯17, 18

通関業者⋯⋯⋯⋯⋯⋯⋯⋯⋯19
通商法301条⋯⋯⋯⋯⋯⋯⋯57

定期船⋯⋯⋯⋯⋯⋯⋯⋯101, 103
デカップリング⋯⋯⋯⋯⋯⋯163
デバンニング⋯⋯⋯⋯107, 128, 129
電子商取引（EC）⋯⋯⋯81, 82, 87, 88

東西経済回廊（EWEC）⋯⋯⋯117, 118
特殊関税⋯⋯⋯⋯⋯⋯⋯⋯44, 45
特恵税率⋯⋯⋯⋯⋯⋯⋯⋯42, 43
ドミノ効果⋯⋯⋯⋯⋯⋯⋯⋯159
トラン・シップ⋯⋯⋯⋯⋯101, 105
取引交渉⋯⋯⋯⋯⋯⋯⋯⋯⋯71
取引コスト⋯⋯⋯⋯⋯⋯⋯⋯14

な

内国民待遇⋯⋯⋯⋯⋯⋯⋯⋯⋯9
内部化⋯⋯⋯⋯⋯⋯⋯⋯⋯⋯18
南部経済回廊（SEC）⋯⋯⋯⋯118
南北経済回廊（NSEC）⋯⋯120, 121, 131

荷受人（Consignee）⋯⋯⋯⋯⋯78
荷送り人（Shipper）⋯⋯⋯⋯⋯78
ニクソン・ショック⋯⋯⋯⋯⋯8
荷姿⋯⋯⋯⋯⋯⋯⋯⋯⋯⋯110
日米繊維交渉⋯⋯⋯⋯⋯⋯⋯56
日米貿易摩擦⋯⋯⋯⋯⋯⋯⋯53
日米綿製品協定⋯⋯⋯⋯⋯⋯55
日本貿易保険（NEXI）⋯⋯⋯139, 140

は

売買契約⋯⋯⋯⋯⋯⋯⋯17, 23, 71
半導体⋯⋯⋯⋯⋯⋯⋯⋯⋯56, 58
バンニング⋯⋯⋯⋯⋯75, 107, 128

比較生産費⋯⋯⋯⋯⋯⋯⋯⋯⋯2
比較優位⋯⋯⋯⋯⋯⋯⋯1, 2, 4, 155
非関税障壁⋯⋯⋯⋯⋯⋯10, 96, 156
非常危険⋯⋯⋯⋯⋯⋯135, 139, 140
非貯蔵性⋯⋯⋯⋯⋯⋯⋯⋯⋯26

フォワーダー⋯⋯⋯19, 107, 108, 110, 139
付加価値基準⋯⋯⋯⋯⋯⋯⋯98
不可逆性⋯⋯⋯⋯⋯⋯⋯⋯⋯26
複合輸送⋯⋯⋯⋯103, 115, 124-127
不定期船⋯⋯⋯⋯⋯⋯⋯⋯⋯103

不当廉売関税·····················45
船荷証券（B/L）··············77, 78
プライベート・ブランド（PB）·······25
プラザ合意·····················24, 54
プラット・フォーマー···············82
プランテーション·················24
ブレトンウッズ体制··················8
ブロック化·····················4, 7
分損·······················137, 138

並行輸入·······················22
米中貿易摩擦····················53, 58

貿易創出効果····················159
貿易転換効果····················160
貿易保険·············67, 135, 139, 141
貿易摩擦·····················17, 53
報復関税······················45
保護主義·············4, 9, 155, 162
保税地域·············104, 111, 128
本船渡し条件（FOB）·········40, 73-75
本人·························21

ま

マーケット・プレイス···············82
マーケット・リサーチ···············64
マーシャリング・ヤード·········105, 106, 128
マリー·························37

無形性························26

メガFTA······················155
メコン諸国·····················116, 117

や

輸出自主規制····················55
輸入総代理店····················20, 21

ら

ラスト・ワン・マイル···············84

リーズ・アンド・ラグズ···············37
陸のASEAN······················116
リスク・ヘッジ···················135, 164

レアアース·····················40, 58

〈著者紹介〉

池部 亮（いけべ・りょう）

現在：専修大学商学部教授，博士(経済学)福井県立大学。

1969年東京都生まれ。明治学院大学国際学部卒業，青山学院大学大学院国際政治経済学研究科修士課程修了。
1992年日本貿易振興会（現：日本貿易振興機構（ジェトロ））入会，
1994～1996年ハノイ総合大学，
1998～2002年ジェトロ・ハノイ事務所，
2006～2012年ジェトロ広州事務所副所長，
2012福井県立大学地域経済研究所准教授，
2014年8月からジェトロ海外調査部アジア大洋州課長，
2017年4月より専修大学商学部准教授，2021年4月より同教授。
専門分野は東南アジアの地域研究，東アジアのサプライ・チェーン，国際関係論。

〈主要著書〉
『米中経済戦争と東アジア経済』〔共著〕農林統計協会，2021年
『躍動・陸の ASEAN，南部経済回廊の潜在力』〔共著〕文眞堂，2017年
『分業するアジア—深化する ASEAN・中国の分業構造』〔共編著〕
　　　ジェトロ，2016年
『ベトナムの工業化と日本企業』〔共編著〕同友館，2016年
『東アジアの国際分業と「華越経済圏」』新評論，2013年
ほか多数

2022年1月30日　　初版発行　　　　　　略称：グローバルトレード

グローバルビジネスとトレード

著　者　Ⓒ池　部　　　亮
発行者　　中　島　治　久

発行所　**同 文 舘 出 版 株 式 会 社**
東京都千代田区神田神保町1-41　　　〒101-0051
営業(03)3294-1801　　　　　　編集(03)3294-1803
振替 00100-8-42935　　　http://www.dobunkan.co.jp

Printed in Japan 2022　　　　　　　　　　製版：一企画
印刷・製本：三美印刷
装丁：志岐デザイン事務所

ISBN978-4-495-39059-4